O Estudo da Bíblia em Dinâmicas

Aprofundamento da Visão Global da Bíblia

Coleção Bíblia em Comunidade

PRIMEIRA SÉRIE – VISÃO GLOBAL DA BÍBLIA
1. Bíblia, comunicação entre Deus e o povo – Informações gerais
2. Terras bíblicas: encontro de Deus com a humanidade – Terra do povo da Bíblia
3. O povo da Bíblia narra suas origens – Formação do povo
4. As famílias se organizam em busca da sobrevivência – Período tribal
5. O alto preço da prosperidade – Monarquia unida em Israel
6. Em busca de vida, o povo muda a história – Reino de Israel
7. Entre a fé e a fraqueza – Reino de Judá
8. Deus também estava lá – Exílio na Babilônia
9. A comunidade renasce ao redor da Palavra – Período persa
10. Fé bíblica: uma chama brilha no vendaval – Período greco-helenista
11. Sabedoria na resistência – Período romano
12. O eterno entra na história – A terra de Israel no tempo de Jesus
13. A fé nasce e é vivida em comunidade – Comunidades cristãs na terra de Israel
14. Em Jesus, Deus comunica-se com o povo – Comunidades cristãs na diáspora
15. Caminhamos na história de Deus – Comunidades cristãs e sua organização

SEGUNDA SÉRIE – TEOLOGIAS BÍBLICAS
1. Deus ouve o clamor do povo (Teologia do êxodo)
2. Vós sereis o meu povo e eu serei o vosso Deus (Teologia da aliança)
3. Iniciativa de Deus e corresponsabilidade humana (Teologia da graça)
4. O Senhor está neste lugar e eu não sabia (Teologia da presença)
5. Profetas e profetisas na Bíblia (Teologia profética)
6. O Sentido oblativo da vida (Teologia sacerdotal)
7. Teologia sapiencial (em preparação)
8. Grava-me como selo sobre teu coração (Teologia bíblica feminista)
9. Teologia rabínica (em preparação)
10. Paulo, apóstolo de Jesus Cristo pela vontade de Deus (Teologia paulina)
11. Teologia de Marcos (em preparação)
12. Lucas e Atos: uma teologia da história (Teologia lucana)
13. Ide e fazei discípulos meus todos os povos (Teologia de Mateus)
14. Teologia joanina (em preparação)
15. Teologia apocalíptica (em preparação)
16. As origens apócrifas do cristianismo (Teologia apócrifa)
17. Teologia espiritual (em preparação)
18. Teologia da Comunicação (em preparação)

TERCEIRA SÉRIE (em preparação) – PALAVRA: FORMA E SENTIDO
1. Introdução ao estudo das formas literárias
2. Análise narrativa
3. Historiografia bíblica
4. Normas e leis na Bíblia
5. Textos proféticos
6. Textos sapienciais
7. Textos poéticos
8. Textos apocalípticos
9. Evangelho / Epístola

QUARTA SÉRIE – RECURSOS PEDAGÓGICOS
1. O estudo da Bíblia em dinâmicas – Aprofundamento da Visão Global da Bíblia
2. Teologias bíblicas (em preparação)
3. Palavra: forma e sentido (em preparação)
4. Atlas bíblico (em preparação)
5. Mapas e temas bíblicos – Cartazes (em preparação)
6. Metodologia de estudo e pesquisa (em preparação)
7. Pedagogia bíblica (em preparação)
8. Modelo de ajuda (em preparação)

Maria Aparecida Duque
Romi Auth, fsp

O Estudo da Bíblia em Dinâmicas

Aprofundamento da Visão Global da Bíblia

Dados Internacionais de Catalogação na Publicação (CIP)
(Câmara Brasileira do Livro, SP, Brasil)

Duque, Maria Aparecida
O estudo da Bíblia em dinâmicas : aprofundamento da visão global da Bíblia / Maria Aparecida Duque, Romi Auth. – São Paulo : Paulinas, 2011. – (Coleção Bíblia em comunidade. Série recursos pedagógicos)

Bibliografia
ISBN 978-85-356-2808-1

1. Bíblia - Estudo e ensino   I. Auth, Romi.   II. Título.   III. Série.

11-03599   CDD-220.07

Índices para catálogo sistemático:
1. Bíblia : Estudo e ensino   220.07
2. Estudos bíblicos   220.07

Citações bíblicas: *Bíblia de Jerusalém*. Ed. rev. e atual.
São Paulo: Paulus, 2002.

Direção-geral: *Bernadete Boff*
Editora responsável: *Vera Ivanise Bombonatto*
Copidesque: *Mônica Elaine G. S. da Costa*
Coordenação de revisão: *Marina Mendonça*
Revisão: *Sandra Sinzato*
Assistente de arte: *Sandra Braga*
Gerente de produção: *Felício Calegaro Neto*
Editoração eletrônica: *Wilson Teodoro Garcia*
Capa: *Edinaldo Medina Batista*

1ª edição – 2011
1ª reimpressão – 2011

SAB – Serviço de Animação Bíblica
Av. Afonso Pena, 2142 – Bairro Funcionários
30130-007 – Belo Horizonte – MG
Tel.: (31) 3269-3737 / Fax: (31) 3269-3729
E-mail: sab@paulinas.com.br

Paulinas
Rua Dona Inácia Uchoa, 62
04110-020 – São Paulo – SP (Brasil)
Tel.: (11) 2125-3549 – Fax: (11) 2125-3548
http://www.paulinas.org.br – editora@paulinas.com.br
Telemarketing e SAC: 0800-7010081

©Pia Sociedade Filhas de São Paulo – São Paulo, 2011

Sumário

Apresentação 7
Introdução 11
Metodologia 17
1º ENCONTRO – Introdução ao curso Visão Global da Bíblia 25
2º ENCONTRO – Bíblia, comunicação entre Deus e o povo 46
3º ENCONTRO – Terras bíblicas: encontro de Deus com a humanidade 69
4º ENCONTRO – O povo da Bíblia narra suas origens 86
5º ENCONTRO – As famílias se organizam em busca da sobrevivência 105
6º ENCONTRO – O alto preço da prosperidade 119
7º ENCONTRO – Em busca de vida, o povo muda a história 144
8º ENCONTRO – Entre a fé e a fraqueza 159
9º ENCONTRO – Deus também estava lá 172
10º ENCONTRO – A comunidade renasce ao redor da Palavra ... 183
11º ENCONTRO – Fé bíblica: uma chama brilha no vendaval 195
12º ENCONTRO – Sabedoria na resistência 207
13º ENCONTRO – O eterno entra na história 222
14º ENCONTRO – A fé nasce e é vivida em comunidade 234
15º ENCONTRO – Em Jesus, Deus comunica-se com o povo ... 245
16º ENCONTRO – Caminhamos na história de Deus 260
Bibliografia 275

Apresentação

O projeto "Bíblia em Comunidade" vem ao encontro de uma grande necessidade do povo de Deus, que tem "fome e sede de ouvir a Palavra" tanto ontem quanto hoje (Am 8,11). O Serviço de Animação Bíblica levou a sério este desejo e criou uma proposta que, ao mesmo tempo, integrava experiência e conhecimento, prática e estudo, vida e fé. Para alcançar esta meta, fez uma proposta global que é aplicada de forma: *orgânica* – respeitando o processo individual e grupal das pessoas na sua caminhada bíblica, nada supondo; *progressiva* – dada de forma gradual, em três níveis sucessivos: *Visão Global da Bíblia, Teologias Bíblicas* e *Palavra: Forma e Sentido*, que trabalha os gêneros literários e métodos de estudo da Bíblia; *ordenada* – usa uma metodologia adequada em cada nível; *sistemática* – desenvolvido em nove etapas sucessivas de cada ano, durante cinco anos; *comunitária* – que assume o processo com os colegas de caminhada; *permanente* – que visa chegar a uma identificação com Cristo: "Já não sou eu que vivo, mas é Cristo que vive em mim. Minha vida presente na carne, eu a vivo pela fé no Filho de Deus que me amou e entregou a si mesmo por mim" (cf. Gl 2,20). Se este processo for assumido e vivido pelas pessoas que se propõem a percorrer este caminho, sem dúvida, elas se tornarão multiplicadoras da Palavra em suas comunidades.

O livro *O estudo da Bíblia em dinâmicas: aprofundamento da Visão Global da Bíblia* é uma ferramenta metodológica importante para a análise das grandes etapas da história do povo da Bíblia. É um subsídio indispensável para quem deseja conhecer, de forma aprofundada e dinâmica, a história do povo da Bíblia, cujo fio condutor perpassa a história, a geografia e os escritos bíblicos, situados no seu contexto, na ordem cronológica em que foram escritos. Esta ferramenta faz a ponte entre a vida do povo de ontem com a vida do povo de hoje. Pois as atividades educativas propostas são integradoras e facilitadoras à assimilação da experiência de ser e pertencer ao povo eleito por Deus.

O livro integra a quarta série: "Recursos Pedagógicos" e faz parte da coleção "Bíblia em Comunidade", Paulinas Editora. Ele vai facilitar muito o trabalho das pessoas que se dispõem a estudar a Bíblia com o povo, nas comunidades, grupos e movimentos. O roteiro apresentado possibilita uma sistematicidade sequencial, do estudo de cada livro da série Visão Global da Bíblia.

Há muitas maneiras de fazer o estudo dos temas da Visão Global: individual; em pequenos grupos, seguindo a orientação no final de cada tema; em grupos maiores, com sugestões para estudo dirigido, dinâmicas, oração, grupos de discussão, filmes e exercício de síntese.

Este livro corresponde à última modalidade: o estudo em grupos maiores.

A metodologia é dinâmica, envolvente, participativa e permite uma atuação efetiva dos participantes, sem considerá-los simplesmente receptores, mas valoriza sua caminhada envolvendo-os na discussão, na busca de novos conhecimentos e na partilha de experiências de vida e fé.

O objetivo do estudo da Visão Global da Bíblia com essa metodologia é colaborar com quem vai fazer uso desse material para percorrer o caminho que abre a possibilidade de uma profunda experiência de encontro consigo mesmo, com os outros, com a realidade de ontem e de hoje, e com Deus, por meio da Palavra. Assim como:

- Viabilizar a experiência da Leitura Orante, interiorizando seu método.
- Orientar grupos a fazerem a mesma experiência.

- Adquirir familiaridade com a Linha do Tempo, conseguindo situar nela os principais fatos históricos e os escritos bíblicos que surgiram como luz e orientação para o povo em cada época.

- Situar-se como membro integrante na história do povo de Deus, que começou muito antes de nós e continua conosco hoje.

Introdução

O livro *O estudo da Bíblia em dinâmicas: aprofundamento da Visão Global da Bíblia* apresenta os 15 volumes da série e um encontro de introdução. São, portanto, 16 encontros de um dia, revivendo com o povo da Bíblia as grandes etapas da História da Salvação. Será um percurso de quase dois mil anos de história, ou seja, das origens até o ano 135 E.C. Uma rápida introdução a cada encontro dará uma visão de conjunto do conteúdo, que será trabalhado de forma interativa e participativa.

No *1º Encontro: Introdução ao curso Visão Global da Bíblia*, as pessoas são convidadas a se conhecer e a criar laços de amizade. Visa à integração entre elas para percorrerem juntas este caminho, por meio do estudo, da oração, da partilha, de atividades e de dinâmicas que proporcionam o conhecimento recíproco e maior interesse pela Palavra.

O *2º Encontro: Bíblia, comunicação entre Deus e o povo* ajuda as pessoas a se situarem diante da Bíblia, como livro. Por isso, oferece ferramentas para que elas se familiarizem com a Bíblia e conheçam sua formação e história. E, pouco a pouco, passem a perceber por detrás dos textos bíblicos uma comunidade, um povo que registrou nele suas experiências de vida e fé.

O *3º Encontro: Terras bíblicas: encontro de Deus com a humanidade* apresenta a terra de Israel, situando-a no planisfério do continente da Ásia, na sua história. Traz o primeiro mapa que dela conhecemos, mostrando suas regiões naturais, o clima, a fauna e a flora, fazendo paralelos com a geografia do Brasil.

O *4º Encontro: O povo da Bíblia narra suas origens* mostra os principais grupos que estão na origem da formação do povo da Bíblia: pastores, camponeses marginalizados, fugitivos do Egito e beduínos de Seir. Faz uma analogia com os grupos que estão na origem da história do povo brasileiro, suas semelhanças e diferenças com o povo da Bíblia. Esta fase corresponde ao período das tradições orais.

O *5º Encontro: As famílias se organizam em busca da sobrevivência* evidencia a formação das tribos de Israel por afinidades e interesses comuns e não genealógicos, como são apresentadas na Bíblia. Traça um paralelo entre a experiência tribal vivida no Brasil com a vivida na terra de Israel, com suas semelhanças e diferenças. Revela o processo de formação das tribos de Israel: localização, organização interna e os juízes. Início embrionário dos primeiros escritos da Bíblia.

O *6º Encontro: O alto preço da prosperidade* propõe uma visão crítica dos textos sobre a monarquia unida, em Israel. Apresenta, por meio dos textos bíblicos sobre o governo de Saul, Davi e Salomão, as diferentes leituras que se faz da monarquia. Com a monarquia, surge o movimento profético, que assume uma postura crítica ante os desmandos do poder, e alguns escritos que retratam a ideologia e os conflitos deste período, como o início e o final do livro de Jó 1,2-13; 42,7-17; a Tradição Javista; partes de 2Sm 9–20; 1Rs 1–2; alguns Provérbios: 22,17–24,34 e alguns Salmos 2; 15; 24; 51–110; 121–134.

O *7º Encontro: Em busca de vida, o povo muda a história* evidencia a ação do Estado: do serviço à servidão do povo! O Reino do Norte era mais rico do que o Reino de Judá, o qual não poupava a sua população dos elevados impostos. Isso gerou descontentamento, violência, até chegar a sua ruína total. Apresenta os fatos mais significativos mediante a atuação dos principais reis, culminando com a queda da capital Samaria, e a influência dos profetas nesse período. No Reino do Norte surgiram os escritos da Tradição Eloísta; Amós, Oseias; Salmos 58.

O *8º Encontro: Entre a fé e a fraqueza* trata da fragilidade das instituições do Reino de Judá, o qual, embora menor e mais pobre do que o de Israel, subsistiu por mais tempo, mas seu fim não foi diferente. Este reino apoiava-se sobre a instituição da monarquia dinástica, do Templo e de seu culto na Cidade Santa, Jerusalém. Porém, estes não garantiram a sua estabilidade, pois eram manipulados por interesse, poder, controle, domínio e enriquecimento ilícito, às custas do povo. Conhecemos esta história por meio dos reis mais importantes, dos profetas e dos escritos desse período, como: Primeiro Isaías (1–39); Miqueias; Salmos 64; Sofonias; Provérbios 10–22; 25–29; Salmos 46; 48.

O *9º Encontro: Deus também estava lá* reflete sobre a crise de fé dos que ficaram na Terra de Judá e dos que foram deportados para a Babilônia. O povo entrou numa profunda crise, pois, com o exílio, todas as promessas de Deus caíram por terra: a monarquia, a terra, o culto, o templo. Quem foi infiel, Deus ou nós? Muitos acusavam a Deus de ter retirado a sua promessa; outros reconheciam tudo isso como fruto da sua infidelidade a Deus. Entre os exilados havia os que se consideravam o "resto" fiel, que buscava seguir com fidelidade a lei de Moisés. Eram sustentados, de modo especial, pelos profetas Ezequiel e Segundo Isaías. Os escritos bíblicos deste período são: a Tradição Deuteronomista (Deuteronômio, Josué, Juízes, 1-2 Samuel, 1-2 Reis), Jeremias, Lamentações, Abdias.

O *10º Encontro: A comunidade renasce ao redor da Palavra* mostra os diversos projetos de reconstrução de Judá, de Jerusalém e da comunidade judaica ao redor da Torá. Os planos econômicos de nosso país introduzem de forma paralela os projetos de reconstrução da Pérsia, em Judá. Tentativas de recuperação das perdas, que acabam empobrecendo mais ainda o povo de ontem e de hoje. Apresenta quatro projetos principais de reconstrução de Judá e da comunidade judaica, ao redor da Torá. Nesse período, nascem os livros de: Ageu, o Terceiro Isaías, Joel e Zacarias 1–8; os livros de resistência como Rute, Jonas, a parte central de Jó, diversos Salmos e o Pentateuco recebem sua redação final.

O *11º Encontro: Fé bíblica: uma chama brilha no vendaval* retrata o conflito cultural e religioso entre judeus e gregos. O período greco-helenista foi um dos mais conflituosos, entre todos os povos que dominaram sobre a terra de Israel. De cultura e mentalidade ocidental, os gregos usaram de todas as formas para impor-se sobre os judeus com seus costumes, tradições culturais e religiosas, comércio e outras, havendo resistência por parte destes e confronto armado. Esse período é abordado em cinco fases principais, desde: Alexandre Magno, os Ptolomeus, os Selêucidas, os Macabeus e os Asmoneus com os respectivos escritos bíblicos, que foram surgindo em cada uma dessas fases.

O *12º Encontro: Sabedoria na resistência* situa a realidade política de Judá no início da dominação romana. Relata de forma sintética o contexto político no tempo em que Jesus nasceu. Mostra a atuação de Herodes, o Grande, como o braço estendido do poder romano na região de Judá, a divisão do seu reino entre os filhos e os diversos movimentos de cunho político e religioso que já atuavam neste contexto. O único escrito bíblico que provavelmente surgiu nesse período intertestamentário foi o livro da Sabedoria.

O *13º Encontro: O eterno entra na história* expõe o contexto histórico no qual Jesus nasceu, situando-o no contexto econômico, social, religioso e familiar da Judeia do seu tempo. Dá destaque aos lugares de culto e oração, às festas religiosas, das quais Jesus participava como judeu praticante. Apresenta um quadro paralelo do calendário judaico-cristão, facilitando a visualização das principais festas judaicas. Temos, nesse período, a fase das tradições orais em torno da pregação e dos sinais que Jesus realizou.

O *14º Encontro: A fé nasce e é vivida em comunidade* aborda a expansão das comunidades cristãs, na Judeia. A comunidade de Jerusalém começa muito cedo a sua expansão missionária nos arredores da Judeia, na região litorânea da Samaria. Os cristãos conheceram muito cedo a perseguição e a morte por causa da sua fé em Jesus. Muitos se dispersaram para outras regiões fora da Judeia.

Da existência deles temos conhecimento em Damasco, capital da Síria, onde eram perseguidos. Continua a fase das tradições orais.

O *15º Encontro: Em Jesus, Deus comunica-se com o povo* revela a expansão da fé cristã fora da Judeia. Inicialmente, cita as diversas diásporas: geográfica, cultural e social de ontem e hoje, como também a expansão das comunidades cristãs na Ásia Menor, África e Europa. Muito contribuíram para essa expansão da ação evangelizadora: Estêvão, Paulo, Pedro, Priscila, Áquila, Apolo e tantos outros. Nesse período surgiram os escritos autênticos de Paulo: 1 Tessalonicenses, 1-2 Coríntios, Filipenses, Filêmon, Gálatas e Romanos; evangelho de Marcos.

O *16º Encontro: Caminhamos na história de Deus* trata da organização das comunidades cristãs no contexto de conflitos externos – vindos do império, como a *Pax Romana*, as perseguições, a influência de movimentos religiosos e filosofias de vida – e internos – pelas diferentes tendências dentro das comunidades, como separação entre judeus e cristãos, e interpretações diversas da fé cristã, que se refletiam também nos demais escritos do Segundo Testamento, os quais surgiram no final do primeiro século e início do segundo, do cristianismo primitivo.

Metodologia

Os dezesseis dias intensivos de estudo da Visão Global da Bíblia começam com a introdução ao curso, mais quinze estudos de um livro a cada dia, seguindo uma metodologia que favorece a assimilação do conteúdo e a integração entre os participantes. Para alcançar estes resultados, propomos ao multiplicador da Palavra: orientações práticas para todos os encontros e um roteiro com a proposta metodológica, seguida em cada encontro.

1. Orientações práticas para todos os encontros

- Preparação do ambiente.
- Motivação para as dinâmicas.
- O momento celebrativo e a disposição da sala.

1.1. Preparação do ambiente

Consiste em deixar o local limpo, arrumado, arejado, iluminado e em condições de acolher quem vier para o curso de formação bíblica, bem como em receber as pessoas com uma música instrumental suave, e colocar a Bíblia em local de destaque sobre uma toalha, com flor ou folhagem, vela, fósforo.

Tudo isso para criar um clima de acolhida, que motive as pessoas a participarem com alegria e leveza do encontro, desde a Leitura Orante no início do dia.

1.2. Motivações para as dinâmicas e o momento celebrativo

A pessoa ou equipe que coordena o encontro tem de procurar o quanto possível interiorizar as motivações das dinâmicas e do momento celebrativo, para ajudar os participantes a viverem tal processo de forma intensa e prazerosa. Observe, sem atropelos, o tempo estabelecido para cada atividade, pois todas as etapas são igualmente importantes para atingir o objetivo do estudo bíblico: a formação integral de multiplicadores da Palavra.

1.3. Disposição da sala

Para o momento celebrativo no final do encontro, convidar os participantes a se colocarem em círculo. No centro do círculo, depositar no chão: a Linha do Tempo reproduzida em pano ou papel para situar nela o período que está sendo estudado; o mapa das regiões naturais da terra de Israel e o mapa do Brasil. Pôr a Bíblia em destaque, com uma vela acesa, uma flor ou folhagem e música instrumental para favorecer um clima propício para a síntese do dia.

2. Proposta metodológica

- Preparação do encontro.
- Sugestão de programa.
- Leitura Orante.
- Introdução ao tema do dia.
- Dinâmicas de formação de grupos.
- Dinâmicas de estudo dos temas.
- Dinâmicas de integração.
- Filmes.
- Exercício de síntese.
- Olhar retrospectivo.
- Momento celebrativo.

2.1. Preparação do encontro

Na preparação do encontro há o levantamento de tudo o que é necessário ler, preparar, providenciar ou reproduzir para cada participante e para os subgrupos. Sugere-se que o coordenador leia tudo o que diz respeito a cada encontro antes de realizá-lo, para se inteirar, selecionar uma proposta e decidir como deseja trabalhá-la. São atividades importantes, como:

Leituras indispensáveis

As leituras indispensáveis referem-se ao conteúdo a ser lido por todos os participantes do curso bíblico, antes de cada encontro. É muito importante que as pessoas venham com tudo lido e estudado. Neste encontro vão aprofundar, partilhar e clarear as dúvidas que surgiram na leitura e estudo individual e/ou em pequenos grupos.

Textos e indicação de cantos

Segue a sugestão de letras de textos e cantos a serem providenciados com antecedência para cada encontro, seja para cada participante, seja para os grupos de estudo que serão formados.

Recursos pedagógicos

Os recursos pedagógicos são os materiais a serem providenciados ou preparados para a realização das atividades propostas ao longo do dia. São apenas sugestões: estes podem ser substituídos, segundo as condições do grupo.

2.2. Sugestão de programa

Atenção! É apenas uma sugestão. Isso não significa que deva ser igual ou não possa ser modificado. Aliás, as mudanças se fazem necessárias de acordo com a realidade de cada grupo. Certa flexibilidade é essencial, pois cada grupo tem seu ritmo, e as dinâmicas de integração, normalmente, suscitam partilha de experiências de vida. Por isso, é muito importante estar atento para equilibrar as atividades segundo sua importância e o tempo disponível.

2.3. Leitura Orante

A Leitura Orante traz uma sugestão de introdução ao tema de estudo, já com a indicação do texto bíblico, refrão de cantos e sugestões de cantos oriundos da Música Popular Brasileira, adequados ao tema. É importante para o cultivo da espiritualidade bíblica e não devocional. Insistimos para que a Leitura Orante seja feita a partir do texto, sem necessidade de multiplicar mensagens, orações, elaboradas por outros autores. Elas até podem ser muito bonitas, mas não nascem da realidade das pessoas que participam do encontro. O fundamental é ajudá-las a darem passos, a buscarem sua autonomia, por meio de uma prática individual e/ou grupal da Leitura Orante. Se esta é feita em grupo, é preciso preparar o ambiente, com o silêncio, a concentração com fundo musical instrumental, a Bíblia em destaque, uma vela acesa, uma flor, um refrão de canto apropriado ao tema de cada Leitura Orante no final e início de cada passo.

Enquanto se fizer necessário, é indispensável a orientação sobre os passos da Leitura Orante. Isso vai ajudar as pessoas a interiorizá-los. Veja o método proposto no segundo encontro deste livro.

2.4. Introdução ao tema do dia

O texto apresenta uma síntese do conteúdo, na forma de introdução ao tema do livro a ser estudado no dia, desde a motivação que a própria capa do livro oferece. Traz, de forma sucinta, as questões centrais abordadas em cada fascículo. Isso não significa que a pessoa ou o grupo que coordena não deva ampliar os seus conhecimentos, extrapolar a leitura do material que lhes é oferecido na Visão Global. Insistir muito com os participantes para que leiam a Bíblia, seja na consulta durante o estudo de cada livro, seja também na leitura dos textos indicados em todo encontro. Pedir a eles que façam as leituras e realizem as atividades que lhes são sugeridas.

2.5. Dinâmicas para formação de grupos

A aplicação das diferentes formas de uso de dinâmicas para o estudo bíblico pressupõe a participação, o desenvolvimento da reflexão crítica, incentiva a criatividade e a iniciativa própria. Cria relações, laços de amizade e estímulo para o estudo. Possibilita um clima de liberdade que compromete e faz emergir a motivação para o aprendizado.

As *Dinâmicas para formação de grupos* foram pensadas com o objetivo de formar subgrupos de estudo. Quanto mais, melhor, pois os participantes precisam se relacionar com todos, aprender a trabalhar com o diferente. Será esta a realidade que irão encontrar em suas comunidades. As dinâmicas têm apenas a finalidade de ajudá-los a criar laços, desenvolver a habilidade da reflexão, partilhar o saber e perceber a riqueza e multiplicidade de reflexões e experiências vividas pelos participantes de cada subgrupo.

2.6. Dinâmicas para estudo dos temas

As *Dinâmicas para estudo dos temas* apresentam diferentes maneiras de trabalhá-los, como: estudo dirigido, elaboração de síntese, atualização, esquemas, interpretação para as diversas formas de linguagem, jogral e outras. Estas dinâmicas oferecem possibilidades de debate, de partilha e de desinibição das pessoas mais tímidas, desenvolvendo habilidades próprias em vista da missão. As modalidades de trabalho são muito diversificadas e diferenciadas, dando possibilidade a todos de falarem nos grupos menores e de participarem nos plenários.

2.7. Dinâmicas de integração

As *Dinâmicas de integração* são para suscitar maior conhecimento e partilha de vida entre os membros do grupo, e não uma psicoterapia grupal, pois favorece a estima e o apreço recíprocos. O grupo motiva as pessoas e as pessoas motivam o grupo. Isso se faz necessário para que se criem laços de amizade tão fortes que no amanhã encontrem apoio, estímulo e colaboração na missão que irão desenvolver nas comunidades, como multiplicadores da Palavra.

2.8. Filmes

Os *Filmes* são todos pertinentes ao tema em foco de cada encontro. Alguns fazem uma analogia com a história e as experiências do povo da Bíblia. Outros retratam a cultura e a tradição judaica. Outros ainda revelam a atuação e missão de personagens bíblicos, como Jesus e Paulo, e de personagens atuais que marcaram a história com o seu testemunho de vida e missão. São indicados na sugestão de programa, com uma sumária apresentação no decorrer do seu desenvolvimento em cada encontro.

2.9. Exercício de síntese

O *Exercício de síntese* refere-se aos temas estudados e à leitura dos textos bíblicos indicados para cada subsídio. O objetivo é a verificação da caminhada bíblica de cada participante, o seu nível de aproveitamento, compreensão, grau de assimilação e desempenho. Tudo isso para possibilitar o acompanhamento personalizado de cada um.

2.10. Olhar retrospectivo

O *Olhar retrospectivo* é um instrumental importante para averiguar o nível de satisfação das pessoas que participam no estudo da Palavra, de seus desejos e anseios no aprofundamento bíblico, de suas dificuldades na assimilação dos conteúdos, na integração com o grupo; enfim, sua caminhada de crescimento, pois é uma proposta individual, grupal, comunitária e eclesial.

2.11. Momento celebrativo

O *Momento celebrativo* é o tempo oferecido a cada participante para fazer a própria síntese em clima orante. Tem como objetivo proporcionar a releitura do tema refletido a partir da experiência e caminhada pessoal, da experiência e caminhada como grupo. É um requisito que esse estudo não fique apenas no âmbito de conhecimentos, mas passe para a experiência de vida e ajude a fazer as transformações que a Palavra propõe, em nível pessoal, comunitário, familiar, social e eclesial.

1º encontro

Introdução ao curso Visão Global da Bíblia

1.1. Preparação do encontro

Leituras indispensáveis

Documento *Dei Verbum* (Voz do Papa, n. 37, Paulinas Editora).

Textos e indicação de cantos

Duas folhas com a cópia da figura "Liar" (ver p. 41); uma folha com o escrito "Deus é amor"; uma folha com o texto da *Fábula da raposa e as uvas*; aparelho de CD; CDs com a indicação dos cantos (*veja as indicações de cada encontro nas notas de rodapé*), ou outros apropriados ao tema.

Recursos pedagógicos

Linha do Tempo, reproduzida em pano ou papel, conforme a indicação do mapa n. 42, do livro: *Caminhamos na história de Deus* (Visão Global da Bíblia [VG], 15); cinco tipos diferentes de sementes (amendoim, feijão, milho, arroz, linhaça ou outras); cinco vasilhas para colocar as sementes; uma vasilha grande com terra; Bíblias de diferentes editoras.

1.2. Sugestão de programa – Introdução ao curso "Visão Global da Bíblia"

08:00 – Acolhida

08:10 – Celebração da Palavra – Oração inicial

08:30 – Dinâmica de integração: "Quem sou eu?"
10:30 – Intervalo
10:45 – Pressupostos para o estudo da Bíblia
12:00 – Almoço
13:00 – Dinâmica de integração: "Uma história de amor"
13:30 – Estudo sobre as diferentes edições de Bíblias no Brasil
14:15 – Dinâmica de integração: *Fábula da raposa e as uvas*
14:45 – Trabalho em grupos sobre a *Dei Verbum*
15:30 – Plenária
16:00 – Intervalo
16:15 – Dinâmica de integração: "Telefone sem fio"
16:45 – Momento celebrativo – Oração final
17:40 – Olhar retrospectivo
18:00 – Conclusão do encontro

1.3. Celebração da Palavra – Oração inicial

Preparação do ambiente

Estender uma toalha colorida no centro da sala e colocar sobre ela um suporte com a Bíblia aberta em destaque, uma vela acesa e uma flor. Os participantes se posicionam em círculo ao redor da Bíblia e inicia-se a motivação sobre o significado de "estar em pé".

Motivação

"Estar em pé" significa estar pronto: para ouvir; para atender ao apelo de alguém; para tomar a direção; para se colocar a caminho; para acolher o apelo de Deus.

Ao som de um fundo musical,[1] convidar os participantes a pensarem numa só palavra que expresse sua vivência pessoal neste momento. (*Pausa.*) Enquanto cada um exprime, ao mesmo tempo, em voz alta a palavra que pensou, dará um passo à frente. Esse passo à frente aproximou a todos e nos aproximou do Centro, do Sagrado, simbolizados na Bíblia e na vela acesa.

Esse gesto sinaliza ainda para todos que o caminho vai ser feito em comunidade e não sozinhos, que contamos com os colegas, com os assessores e, acima de tudo, contamos com Deus. Juntos vamos fazer esta caminhada. Vamos iniciá-la de mãos dadas, rezando a oração que revela a nossa filiação divina e a nossa irmandade.

Oração: Pai-Nosso.

Canto: "Procissão da Bíblia".[2]

(*Sugere-se caminhar em procissão ao redor da Palavra, durante o canto indicado – ver nota 2. Ao cantar o refrão, interpretá-lo com gestos: voltando-se para o centro, erguendo a Bíblia para o alto e baixando-a até onde conseguir e erguê-la novamente.*)

Reflexão

Vamos pensar um pouco na estrofe: "Quero nas mãos este Livro, / vou levá-lo aonde for! / Eu o levo pela vida, / E ele me leva ao Senhor!... / ansioso por se revelar". Ele está ansioso por se revelar e, nós, ansiosos por encontrá-lo na sua Palavra.

Leitura: Mt 13,1-9 – Parábola do semeador.

Reflexão: Sentados, ler novamente o texto, deixando cair em nosso coração a semente da Palavra. Vamos descobrir qual foi a palavra, ou frase, que mais chamou a nossa atenção. (*Pausa com um fundo musical.*) Agora, podemos falar em voz alta a palavra

---

[1] Sugestão: VV.AA. CD: *Sanctus*; música instrumental para reflexão e celebrações. São Paulo: Paulinas/Comep, 2001.

[2] KOLLING, Ir. Miria T. Procissão da Bíblia. CD: *Adoremus 1*. São Paulo: Associação do Senhor Jesus, 1995. Faixa 12.

que nos falou mais forte; não importa se for a mesma que alguém já falou. Após cinco colocações, cantaremos:

Refrão: É como a chuva que lava, / é como o fogo que arrasa. /Tua Palavra é assim, não passa por mim / sem deixar um sinal.[3]

1.4. Dinâmica de integração – eu sou alguém

Motivação

O nome confere identidade à pessoa. Ele esconde e ao mesmo tempo revela uma vida e histórias carregadas de muitas experiências. Conhecer o nome de alguém nas Escrituras significa estar de posse: de um poder que se traduz pelo conhecimento; de uma verdade que se revela pela identidade; e de uma experiência que faz história. Moisés, ao receber a missão de libertar o povo, quis saber o nome de quem o enviava e lhe disse: "'Se o povo me perguntar: *Qual é o seu nome?*, que devo responder?'. Deus respondeu a Moisés: 'Eu sou aquele que sou'. Assim responderás aos israelitas: *'Eu sou enviou-me a vós'*" (Ex 3,13).

Objetivo

- Identificar cada pessoa do grupo pelo nome.
- Favorecer a integração dos membros do grupo.
- Criar familiaridade entre os membros do grupo.

Descrição da dinâmica

Sentados em círculo, uma pessoa do grupo inicia apresentando-se: "Eu sou...". Fala se gosta ou não do seu nome, quem o escolheu e o porquê da escolha. Finalizando sua apresentação, repetirá o nome e dirá uma qualidade que comece com a primeira letra dele. A pessoa seguinte repetirá o nome e a qualidade ou característica cor-

---

[3] OLIVEIRA, José Fernandes de (Pe. Zezinho, scj). Tua palavra é assim. CD: *Sem ódio e sem medo*. São Paulo: Paulinas/Comep, 2010. Remasterizado. Faixa 7.

respondente àquele que a precedeu, e depois falará da experiência do seu nome, e assim sucessivamente, com todos os participantes.

Conclusão

Partilha da experiência vivida na dinâmica, concluindo-a com um comentário aos textos do livro do Apocalipse e de Isaías.

João, no livro do Apocalipse, afirma: "... ao vencedor... darei uma pedrinha branca, uma pedrinha na qual está escrito um nome novo, que ninguém conhece, exceto aquele que o recebe" (Ap 2,17). Na linguagem apocalíptica o branco é a cor da vitória e da alegria. São sinais da admissão ao Reino de Deus. E o novo nome dado a alguém indica renovação interior, porque é um novo ser que o recebe.

E Isaías afirma: "Aquele que te criou e que te modelou te diz: 'Não tenhas medo, porque eu te resgatei e te chamei pelo nome, tu és meu'" (Is 43,1). Deus nos ama com o nome que temos e como somos, pois somos obra de suas mãos.

1.5. Pressupostos para o estudo da Bíblia

Introdução

Toda e qualquer iniciativa deve partir da realidade. Também a busca de conhecer e viver em maior profundidade a Palavra de Deus. Qual é a sua caminhada no campo bíblico? Ela caminhou no mesmo nível de sua caminhada profissional? O que o move a buscar este curso bíblico?

A sua motivação inicial pode ser: a curiosidade, a busca de conhecimento; a necessidade de acompanhar o movimento atual de interesse pela Bíblia; a procura de um instrumental para melhor atuação pastoral; a coragem para transmitir a Palavra; o alimento para a fé; a tentativa de maior intimidade com Deus; a transformação da sua vida, segundo o projeto de Deus; ajudar outras pessoas a se encontrarem com Ele, por meio de sua Palavra. Todas essas motivações são justas e vão-se solidificando à medida que as pessoas avançam na caminhada.

O perfil dos cristãos em geral

Visto de maneira global, qual é o perfil habitual de formação bíblica dos cristãos católicos? Muitos, talvez, sejam católicos por uma tradição religiosa que lhes foi legada pelos avós, pais, familiares, amigos, padrinhos, madrinhas e catequistas. Buscam Deus em suas necessidades, quem sabe, motivados mais por uma tradição religiosa do que por uma experiência pessoal com ele. Cumprem fielmente o preceito dominical. Levam a vida em coerência com os mandamentos da lei de Deus. São solidários com as pessoas que sofrem as consequências das tragédias naturais. No entanto, não se empenham em aprofundar a sua fé.

Na vida de fé, sobrevivem com os conhecimentos que tiveram na preparação para a Eucaristia, para a Crisma, para o casamento. Algumas pessoas até participam de algum movimento cristão de adultos, tomando contato com a Bíblia, mas a desconhecem como fundamento da fé cristã, da vida sacramental e eclesial.

Se há algum conhecimento bíblico, este permaneceu muitas vezes em algumas noções iniciais e numa interpretação por vezes literal e fundamentalista que receberam na infância e adolescência, em sua iniciação catequética. Mesmo não tendo maior conhecimento da Bíblia, as pessoas carregam valores, conhecimentos e vivências humanas e religiosas ricas e diversificadas.

Valores, conhecimentos e vivências humanas e religiosas

Os valores, os conhecimentos e as vivências humanas e religiosas, que cada um carrega, formam o tripé que dá segurança e estabilidade. Todas as pessoas são ciosas deles. Dificilmente abrem mão deles. Sem dúvida, chegará o momento em que o curso bíblico vai questionar o fundamento, o sentido, a convicção que as pessoas têm dos valores, conhecimentos e vivências humanas e religiosas, acumulados ao longo dos anos.

O que pode acontecer? Qual é a reação que pode advir? Pode nascer a insegurança, o medo, a crise, a dúvida: será que está certo o que estou aprendendo? Será que vou perder a minha fé? Onde está o fundamento da minha fé? Está em Deus ou nos conceitos que tenho aprendido sobre Deus? Está na experiência que tenho de Deus ou nas práticas religiosas sem fundamentação?

Muitos talvez se escandalizem ao ouvir dizer que o mundo não foi criado do jeito que está descrito na Bíblia, que Adão e Eva não existiram, que não foram 600 mil hebreus que saíram do Egito e assim por diante. Isso nos revela que o caminho a ser percorrido será íngreme, necessita de paciência com nós mesmos, com os nossos colegas, com assessores, para que as dificuldades encontradas sejam gradativamente superadas.

Esta caminhada vai pedir esforço e colaboração de todos, para o convívio neste processo lento e gradual de novas formas de compreensão, de mudança de mentalidade e de uma nova prática que o curso nos propõe.

É claro: não vamos perder a solidez do tripé formado pelos valores, conhecimentos e vivências humanas e religiosas, que foram adquiridos ao longo dos anos e que norteiam a nossa vivência cristã. Mas vamos olhá-lo de frente, confrontá-lo com os novos conhecimentos e as novas experiências que formos adquirindo na caminhada. Se for preciso, vamos burilá-los, reconstruí-los e solidificá-los para que a Palavra dê razões a nossa fé e a nossa prática cristã.

Método de trabalho

Haverá uma introdução ao assunto tratado em cada livro, pois estes devem ser lidos em casa antes dos encontros, e aqui serão aprofundados pelos assessores, como também na partilha em subgrupos.

As dinâmicas aplicadas durante o curso não têm um fim em si mesmas; são apenas meios para criar maior socialização de valores, de conhecimentos, de vivências entre os participantes em sua busca pessoal e grupal de Deus. Esta busca leva em conta que somos todos seres contingentes, contextualizados, mas dotados de livre-arbítrio e, por isso, capazes de escolhas e de mudanças. Na perspectiva do Evangelho, essa mudança chama-se conversão de mentalidade, de atitudes, de estilo de vida que se torne sempre mais humana e mais cristã, iluminada pela Palavra de Deus.

Este curso quer transcender o conhecimento puramente intelectual e integrar a experiência de vida de cada participante com a experiência do povo da Bíblia, cujo conteúdo essencial é: uma história de amor vivida entre Deus e a humanidade, entre o Criador e a criatura, entre o Deus fiel e a comunidade de fé, comprometida com a transformação da realidade. Nesse sentido, as dinâmicas vão subsidiar a experiência e o conhecimento e aprimorar, no decorrer do curso, as nossas relações com nós mesmos, com os outros, com Deus e com o mundo.

1.6. Dinâmica de integração – Uma história de amor

Motivação

"Antes mesmo de te modelar no ventre materno eu te conheci, antes que saísses do seio eu te consagrei", diz o Senhor a Jeremias (Jr 1,5a). Todo ser humano é fruto do amor de Deus manifesto na união de um homem e de uma mulher. Pais, mães, avós, familiares, instituições acolheram e cultivaram nossas vidas. Cuidaram de nós. Deram-nos formação humana, cultural e religiosa. Crescidos, também nós desabrochamos para o amor humano, tornamo-nos capazes de amar e gerar a vida. Tudo isso é dom do amor de Deus que nos amou primeiro (1Jo 4,19). A Bíblia é o registro desse amor incondicional de Deus por nós e pelo seu povo.

Objetivos

- Assimilar a mensagem bíblica como sendo uma história de amor; o amor de Deus pela humanidade.
- Perceber a proposta do conteúdo da Visão Global da Bíblia, por meio da Linha do Tempo. Ela é o retrato da história do amor que Deus foi construindo com o seu povo ao longo dos anos e, por meio desse povo, com toda a humanidade.
- Refletir nas relações dos humanos entre si.

Material

- História do povo de Deus – Linha do Tempo. Cf. no livro: *Bíblia, comunicação entre Deus e o povo* – VG 1.[4]

Orientação para a dinâmica

Iniciar a dinâmica sem introduções ou explicações, mas de maneira descontraída. Tecer considerações sobre o amor. A experiência do amor humano entre duas pessoas é um dado comum, mas o modo, a intensidade, a forma como são vividos, são pessoais e únicos... O dirigente cria, de maneira simpática, uma situação em que, uma ou mais pessoas, narrem uma história verdadeira de amor vivida por elas mesmas, ou por alguém de seu relacionamento, ou da própria família. O dirigente poderá começar narrando alguma história de amor.

Durante ou após as narrativas, o dirigente irá interferindo e explicitando os condicionamentos, as exigências das relações do amor humano. Por exemplo: o conhecimento que se faz necessário ao longo da vida das pessoas que se amam e que não se esgota; de como o amor é "exigente" e não se satisfaz com palavras etc. Buscar na imagem do amor humano reflexos do amor divino, explicitando e sistematizando tudo no final da dinâmica.

---

[4] AUTH, Romi. *Bíblia, comunicação entre Deus e o povo*. São Paulo: Paulinas, 2002. (Visão Global, 1.)

Tecer, assim, uma analogia entre amor humano e amor divino. Isso prepara a proposta do estudo a respeito de como o povo da Bíblia percebeu a presença de Deus na sua caminhada, na sua história. Então, vai se esclarecer que fatos, personagens, acontecimentos em evolução cronológica são, na verdade, um espaço narrativo de como Deus ama e quer ser amado. E que, portanto, o conteúdo do curso corresponde a algo muito experiencial, apesar do "mistério": a história de amor entre Deus e a humanidade. A iniciativa amorosa é sempre de Deus que cria, conduz, protege, salva e é para sempre fiel, permanecendo entre nós e em nós... e se o deixarmos, "em nós fará a sua morada" (Jo 14,23).

O dirigente poderá recorrer a passagens bíblicas e em cada uma enfatizar o traço característico daquela experiência amorosa, por exemplo: Oseias apresenta o amor que é capaz de perdoar; o Cântico dos Cânticos, a liberdade da escolha da amada e do amado; Daniel, a fidelidade de Suzana ao seu marido etc.

Na Bíblia encontramos o registro de muitas experiências do amor humano entre duas pessoas, como de Isaac com Rebeca (Gn 24); Jacó com Raquel (Gn 29,15-30); Áquila com Priscila (Rm 16,3), um casal cristão dedicado à evangelização. Algumas destas experiências são relidas a partir da experiência do amor de Deus para com o seu povo. Deus tem uma relação de amor para conosco que vem a ser compreendida por nós mediante a releitura das experiências dos nossos antepassados com ele.

Conclusão
Partilhar a experiência vivida.

1.7. Diferentes edições de Bíblias no Brasil

Motivação
Nós sabemos que a Bíblia é uma só, mas existem publicações de diversas editoras e, até, várias da mesma editora. Por que nasceu

a diversidade de textos e de notas de rodapé? Porque foram feitas muitas cópias dos textos originais. E nestas cópias, algumas palavras e consoantes foram trocadas, gerando um novo significado. Alguns copistas já tinham certa idade, não enxergavam bem; outros não ouviam bem. Outros ainda mudavam de propósito porque não concordavam com a palavra que estava no texto original, além da dificuldade que tinham de traduzir para outra língua palavras e conceitos com significados múltiplos, a fim de que mantivessem a expressão exata da língua original. Daí a necessidade dos tradutores de fazerem a escolha das diversas cópias. Tudo isso contribuiu para a multiplicidade de traduções com objetivos específicos.

Objetivos

- Familiarizar-se com a Bíblia.
- Conhecer a diversidade de traduções de textos bíblicos que existem.
- Fazer a escolha da Bíblia mais apropriada, de acordo com o seu objetivo.

Material

- Roteiro para o trabalho em grupos.
- Bíblias de diferentes editoras:

Bíblia Sagrada, Editora Ave-Maria, com aprovação da Igreja em 27 de dezembro de 1957.

Bíblia Sagrada, Editora Vozes, com aprovação da Igreja em 4 de outubro de 1982.

Bíblia de Jerusalém, Edições Paulinas, com aprovação da Igreja em 1º de novembro de 1980.

Bíblia Edição Pastoral, Editora Paulus, com aprovação da Igreja em 21 de dezembro de 1989.

Bíblia Tradução Ecumênica, Edições Loyola, com aprovação da Igreja em 1994.

Bíblia Sagrada da CNBB, Várias Editoras, 2001.

Bíblia do Peregrino, Paulus, com aprovação da Igreja em 2002.

Bíblia Sagrada, Nova Tradução na Linguagem de Hoje, Paulinas Editora, 2004.

Bíblia Sagrada, Sociedade Bíblica do Brasil, 1948.

Bíblia Hebraica, por David Gorodovits e Jairo Fridlin, baseada no hebraico e à luz do Talmud e das fontes judaicas, Editora e Livraria Sêfer, 2006.

Descrição da dinâmica

Formar subgrupos com o mesmo número de participantes, de acordo com a quantidade de Bíblias a serem analisadas. Entregar para cada subgrupo uma das Bíblias indicadas anteriormente. Ou ainda, constituir os grupos com as diferentes traduções de Bíblias que os participantes trouxeram.

Entregar para cada subgrupo o seguinte roteiro:

1. Ler e anotar a sequência das informações do início da Bíblia, até o primeiro capítulo do livro de Gênesis.

2. Ler e anotar as informações que a Bíblia traz, depois do capítulo 21 do livro do Apocalipse.

Plenária

Apresentação do levantamento feito pelos subgrupos.

1.8. Dinâmica de integração – *Fábula da raposa e as uvas*

Motivação

As pessoas reagem de forma diferente diante das dificuldades. Muitas atribuem a causas externas ou a outros a própria responsabilidade, sobretudo, pelos insucessos. Esse, até certo ponto, é um processo natural do crescimento até atingirmos a maturidade humana, quando nos tornamos capazes de assumir nossos atos.

Objetivos

- Perceber que a mensagem da *Fábula da raposa e as uvas* pode ser aplicada em todos os campos, como também no campo bíblico.

Recursos utilizados

O texto da fábula, a seguir, poderá ser lido ou dramatizado:

Faminta, uma raposa pulava para um cacho de uvas pegar, que numa alta parreira sobre ela estava, e neste afã pulava a bom pular. Como, porém, impossível fosse o intento de atingir o manjar que a seduzia, parou cansada, e neste quebramento, foi-se afastando, enquanto assim dizia: "Inda bem que estão verdes, não as quero: estavam como de fel; não as tolero".[5]

Orientação para o desenvolvimento da dinâmica

Ler a fábula (em conjunto ou em grupos separados) e pedir a cada grupo que discuta sobre o seu significado. Registrar, resumidamente, as conclusões no quadro. Se necessário, diante de alguma perplexidade dos grupos ou apatia, ajudá-los com perguntas.

Iniciar a reflexão levando-a para o plano humano: dizer que as uvas estão verdes pode significar as atitudes humanas que, diante de informações ou conceitos novos, as pessoas não conhecem? Ou que acham não ser capazes de entender? Ou ainda, diante do outro que, por suas funções ou carisma pessoal, tem conhecimentos que nos assustam ou "ameaçam", que reações podemos ter? Ou outras...

Explorar bem a fábula em si mesma. Na vida real os animais falam como os seres humanos? Não. E também não acreditamos

---

[5] Cf. LA FONTAINE, Jean de. *Fábula da raposa e as uvas*. Disponível em: <http://pt.wikipedia.org/wiki/A_Raposa_e_as Uvas>. Acesso em: 12/07/2010. Com adaptações.

que houve um tempo em que os animais falassem. Nunca falaram. Alguém poderia argumentar: "Mas então nos enganaram?". Não. Entendemos que são figuras de linguagem. Foram histórias criadas por alguém para nos dar ensinamentos sobre experiências da vida. Então, qual é o ensinamento que esta fábula quer nos dar? (*Discutir um pouco os objetivos.*) A raposa despreza as uvas porque não conseguia alcançá-las.

Aplicação da dinâmica para a Bíblia

No avançar dos estudos da Bíblia, podemos ter posturas diferentes: ora de fechamento, ora de protesto, ora de rejeição ou de acolhida. Quando é que a nossa postura é de fechamento? Quando lemos a Bíblia ao pé da letra, assim como está escrito. Quando fazemos isso? Quando a lemos sem nos questionar ou nos perguntar: o que o autor quis nos dizer com esta palavra, frase ou história? Por exemplo, em Mateus encontramos uma frase que, em hipótese alguma, pode ser entendida ao pé da letra: "Caso o teu olho direito te leve a pecar, arranca-o e lança-o para longe de ti, pois é melhor para ti que se perca um dos teus membros, do que todo o corpo ser lançado ao inferno" (Mt 5,29). Quem peca com os olhos deve arrancá-los fora? Será que foi isso que o autor quis dizer? Se não é isso, qual é então a mensagem a qual somos convidados a vivenciar nesse texto?

Outra atitude que podemos ter é a de rejeição. O que poderia ser uma atitude de rejeição? Não querer abrir-se para uma nova leitura e interpretação da Bíblia. Por exemplo, aprendemos que Adão e Eva formaram o primeiro casal humano que Deus criou, tal qual está descrito no segundo capítulo do livro de Gênesis. Não será mais importante pensar naquilo que o autor quis dizer com esta narrativa, ou seja, que Deus está na origem da vida humana? Ele pensou em nós, nos ama, portanto, não somos frutos do acaso, mas do seu amor.

Na Bíblia encontramos também uma fábula em Jz 9,7-15, na qual não aparecem animais, mas árvores que falam e discutem sobre a escolha de um rei. Esta história é exata ou verdadeira? É verdadeira e não exata. As plantas falam? Claro que não. Então ela não é exata, mas verdadeira no ensinamento que quis passar. O autor faz uma crítica à monarquia, porque os reis pensavam só nos seus interesses, e não no bem de todo o povo. E não há verdade nisso? É claro que há. A verdade pode ser contada mediante uma história real (acontecida) ou não (inventada), mas nem por isso deixa de ser verdadeira no ensinamento que quer transmitir.

Conclusão da dinâmica

Nós só podemos falar daquilo que conhecemos e experimentamos, sem perder a consciência de que o simbólico e a fé nos ultrapassam.

1.9. Estudo do documento *Dei Verbum* – Em grupos

Capítulo 1 – A Revelação:

- Ler o capítulo 1.
- Quais questões ou perguntas estão na base deste texto?
- Partilhar, em grupo, as questões, fazendo a síntese a partir das palavras-chave deste capítulo.

Capítulo 2 – A transmissão da Revelação Divina:

- Ler o capítulo 2.
- Quais questões ou perguntas estão na base deste texto?
- Partilhar, em grupo, as questões, fazendo a síntese a partir das palavras-chave deste capítulo.

Capítulo 3: A inspiração divina e a interpretação da Sagrada Escritura:

- Ler o capítulo 3.
- Quais questões ou perguntas estão na base deste texto?

- Partilhar, em grupo, sobre as questões, fazendo a síntese a partir das palavras-chave deste capítulo.

Capítulo 4 – O Antigo Testamento:

- Ler o capítulo 4.
- Quais questões ou perguntas estão na base deste texto?
- Partilhar, em grupo, as questões, fazendo a síntese a partir das palavras-chave deste capítulo.

Capítulo 5 – O Novo Testamento:

- Ler o capítulo 5.
- Quais questões ou perguntas estão na base deste texto?
- Partilhar, em grupo, as questões, fazendo a síntese a partir das palavras-chave deste capítulo.

Capítulo 6 – A Sagrada Escritura na vida da Igreja:

- Ler o capítulo 6.
- Quais questões ou perguntas estão na base deste texto?
- Partilhar, em grupo, as questões, fazendo a síntese a partir das palavras-chave deste capítulo.

1.10. Dinâmica de integração – Telefone sem fio

Motivação

A nossa comunicação com nós mesmos, com as pessoas, com a natureza e com Deus é feita através do nosso corpo, dos nossos sentidos. Grande parte de nossa comunicação é realizada de forma verbal, pela palavra. Nem sempre ela é perfeita ou chega de maneira clara; às vezes, falamos uma coisa e a pessoa entende outra. No campo da comunicação chamam-se ruídos as interferências que atrapalham a relação entre as pessoas.

Objetivos

- Possibilitar aos participantes a percepção da necessidade do outro para o conhecimento, a autocrítica e a compreensão da realidade.
- Subsidiar a descoberta ou redescoberta de que aquilo que não conhecemos ou não compreendemos temos dificuldade de transmitir.
- Reconhecer a necessidade do outro para nos conhecermos e entendermos. Quanto mais as pessoas se revelarem, maior clareza teremos da nossa própria realidade.

Recursos utilizados

Providenciar fotocópia de uma palavra pouco conhecida (por exemplo: *Liar*, que significa ligar) e que ao mesmo tempo forma uma figura. Para entendê-la requer-se conhecimento anterior. Providenciar também uma frase bem conhecida (por exemplo: "Deus é amor").

Orientação para a realização da dinâmica

O coordenador do curso dispõe os participantes em círculo, o mais próximo possível um do outro, para favorecer a realização da dinâmica. Ele fala baixinho, ao ouvido da primeira pessoa, a palavra que deverá ser transmitida. Esta por sua vez também fala ao ouvido da segunda pessoa do círculo e assim sucessivamente. O último participante repetirá, ao ouvido do dirigente, a palavra que lhe foi transmitida.

A palavra ou frase só pode ser dita uma vez. No final, se avalia o resultado da dinâmica. Interpelar os participantes antes de dar a explicação do porquê uma simples palavra não ser entendida e transmitida corretamente, já que a frase foi entendida e transmitida fielmente.

Conclusão

A palavra era desconhecida e a frase, conhecida. Discutem-se os objetivos da dinâmica e tira-se a conclusão de que, o que não se conhece, não se vivencia, não se consegue passar adiante, com fidelidade.

Aplicação da dinâmica para a Bíblia

Diante da Bíblia, sentimos insegurança, porque não a conhecemos, não temos familiaridade com ela. Assim como diante de uma palavra, frase ou figura que desconhecemos, não a integramos em nosso vocabulário, nem mesmo conseguimos passar adiante, porque ignoramos o seu sentido. É mais fácil deturpar o significado de algo quando ele não é compreendido. O novo pede de nós uma postura de abertura, e nem sempre sabemos como lidar com ele. Isso nos gera insegurança, porque exige um desinstalar-se de nós mesmos, dos nossos pontos de vista. E às vezes não estamos dispostos a isso.

Conclusão

Partilhar a experiência vivenciada.

1.11. Momento celebrativo – Oração final

Motivação

Hoje iniciamos a nossa caminhada de estudo bíblico. Temos a sensação de ser um caminho longo demais. Pode-nos até nascer a pergunta: "Será que vou chegar até o fim? Será que vou dar conta?". A Deus pertence o amanhã, mas o momento presente está em nossas mãos. O que sabemos é que chegamos ao final do primeiro dia. Vencemos a primeira etapa. O que sabemos também é que temos um desejo sincero de continuar a caminhada, vencendo mês a mês cada fase. Sem o primeiro e os passos sucessivos, não haverá o último. Creio ser o desejo de todos a disposição para uma abertura maior, para um novo olhar sobre a vida, os fatos, a história do povo de ontem e de hoje, para um jeito novo de ler e interpretar a Bíblia.

Canto: "Utopia".[6]

1.12. Olhar retrospectivo

Como foi o meu dia de hoje? Qual é a semente que foi lançada neste dia no terreno do meu coração? Ou qual é a estaca que coloquei hoje, para construir a minha casa sobre a rocha da Palavra? (*Pausa*.)

Canto: "As sementes que me destes".[7]

Texto bíblico: Mc 4,1-9 – Ressonância do texto.

Cantar o refrão do canto anterior:

Refrão: Dos meus dons que recebi / pelo Espírito de amor / trago os frutos que colhi / e em tua mesa quero pôr.

Partilha sobre a "semente"

À nossa frente encontram-se terra fértil e uma variedade de sementes. São elementos simbólicos que vão ajudar a expressar qual é o húmus que eu gostaria de colocar para favorecer o crescimento da semente da Palavra a ser lançada no meu coração durante este tempo. Qual é a semente que eu desejo plantar no terreno do meu coração nestes anos? Ou quais os frutos que almejo alcançar nesta

---

[6] VICENTE, José. Utopia. CD: *Coletânea*. São Paulo: Paulinas/Comep, 2010. Faixa 1. (Série Ouro).

[7] PEQUENOS Cantores de Apucarana. As sementes que me destes. CD: *Mestre, onde estás?* A vida ressurgiu. São Paulo: Paulinas/Comep, 1987. Faixa 25.

caminhada? Podemos pegar a semente e colocá-la no terreno de nosso coração e expressar o nosso desejo. Vamos acolher o desejo de nosso irmão e, entre uma partilha e outra, cantar:

Refrão: Põe a semente na terra, não será em vão. Não te preocupe a colheita, plantas para o irmão.[8]

Consideração final

Iniciamos o nosso dia com uma pequena celebração da Palavra. Refletimos sobre os pressupostos necessários para iniciar uma caminhada séria e comprometida, no aprofundamento da Palavra. Conhecemo-nos um pouco mais, por meio das dinâmicas que realizamos. Uma imensa riqueza nos é oferecida por tantas pessoas que, há mais de três mil anos, trabalharam, sofreram, gastaram suas vidas, para que pudéssemos ter acesso a essa imensa riqueza, a Bíblia. Nossa gratidão a elas que nos introduziram na sua leitura e no seu estudo.

Canto: "Procissão da Bíblia".[9]

Vamos fazer a procissão com a Bíblia, passando-a de mão em mão, simbolizando assim a nossa missão de comunicá-la a todos.

Invoquemos a bênção do Senhor sobre nós

O Senhor nos abençoe e desperte em nós fome e sede da sua Palavra. "Assim como a chuva e a neve descem do céu e para lá não voltam, sem terem regado a terra, tornando-a fecunda e fazendo-a germinar, dando semente ao semeador e pão ao que come, tal ocorre com a Palavra que sai da minha boca: ela não volta a mim sem efeito; sem ter cumprido o que eu quis, realizando o objetivo de sua missão" (Is 55,10-11). Que esta Palavra não volte ao céu sem ter transformado a minha vida e produzido frutos de vida.

---

[8] SANTANA, José Acácio. Toda semente é um anseio. In: VV.AA. *Mil e uma canções para o Senhor*. São Paulo: Paulinas/Comep, 2002. p. 138.
[9] KOLLING, Procissão da Bíblia, cit.

O Senhor abençoe a você que participou e colaborou com sua partilha e seu serviço neste encontro, para o crescimento de todos nós.

Em pé e estendendo as mãos, invoquemos sobre nós e sobre cada ser humano a bênção de Deus, dizendo: "O Senhor te abençoe e te guarde! O Senhor faça resplandecer o seu rosto sobre ti e te seja benigno! O Senhor mostre para ti a sua face e te conceda a paz!" (Nm 6,24-26).

Bendigamos ao Senhor! Graças a Deus!

2º encontro

Bíblia, comunicação entre Deus e o povo

2.1. Preparação do encontro

Leituras indispensáveis

Ler o livro *Bíblia, comunicação entre Deus e o povo* (VG 1).

Ler o documento *A interpretação da Bíblia na Igreja* (Voz do Papa, n. 134, Paulinas Editora).

Textos e indicação de cantos

Texto informativo sobre a Leitura Orante para cada participante. Exercício de síntese (VG 1). CDs com a indicação dos cantos.

Recursos pedagógicos

Linha do Tempo, reproduzida em pano ou papel, conforme a indicação do mapa n. 42, do livro: *Caminhamos na história de Deus* (VG 15); uma folha para cada participante contendo o exercício de transcrição de citações; mensagens com diferentes dizeres, em pares (tipo marcadores); fichas coloridas; fichas com refrões de cantos diferentes; canetas hidrocor; cartolinas brancas; alfinetes; meia folha de papel ofício; papiro; pergaminho.

2.2. Sugestão de programa –
Bíblia, comunicação entre Deus e o povo

08:00 – Acolhida
08:05 – Leitura Orante: "Nosso encontro com Deus na Palavra"
08:30 – Dinâmica de integração: "Quem sou eu?"
09:30 – Intervalo
09:45 – Introdução ao tema: *Bíblia, comunicação entre Deus e o povo*
10:45 – Dinâmica de formação de grupos: "Figuras iguais"
11:00 – Dinâmica de estudo dos temas: "Saberes reelaborados"
12:00 – Almoço
13:00 – Dinâmica de formação de grupos: "Melodias que reúnem"
13:15 – Exercício de transcrição de citações bíblicas
14:00 – Leitura individual: "Interpretação da Bíblia na Igreja"
14:30 – Partilha em grupos da leitura feita individualmente
14:50 – Formação de novos grupos para a socialização do estudo individual e grupal – Síntese
15:30 – Plenária
16:00 – Intervalo
16:15 – Exercício de síntese
17:00 – Momento celebrativo: "A Palavra se renova em nós"
17:50 – Olhar retrospectivo
18:00 – Conclusão do encontro

2.3. Nosso encontro com Deus na Palavra –
Introdução à *Lectio Divina*/Leitura Orante

Lectio Divina significa leitura divina das Sagradas Escrituras ou simplesmente *Leitura Orante*. Este nome foi dado por Orígenes, que viveu entre os anos 185 e 253 E.C., e seu objetivo é favorecer o encontro pessoal com Deus por meio da Palavra.

O Estudo da Bíblia em Dinâmicas

A *Lectio Divina*[1] é uma prática antiga dentro da Igreja com diferentes maneiras de realizá-la. A Leitura Orante[2] como a conhecemos hoje, no Brasil, foi sistematizada pelos monges cartuchos, por volta de 1200 E.C. Com o movimento da Contrarreforma, por volta de 1530, esta prática esfriou-se em meio às comunidades cristãs, mas retomou o seu impulso com o Concílio Vaticano II. Hoje, ela é praticada frequentemente entre os cristãos, que alimentam a fé e o seu testemunho na Palavra de Deus.

A Igreja recomenda aos católicos que, ao fazerem a Leitura Orante, tenham presentes os princípios que orientam a leitura da Bíblia: a *Unidade entre o Primeiro e o Segundo Testamento* (Is 61,1-2); a *Atualidade das Escrituras* (Lc 4,16); e a *fé em Jesus vivo na comunidade* (Mt 18,20). A Igreja, ainda, incentiva os católicos a levarem em conta alguns critérios na leitura das Escrituras, como: a *realidade* de nossa vida pessoal, comunitária, social, trazendo-a para dentro do texto bíblico; o *texto* por meio do qual nos colocamos à escuta daquilo que Deus tem a nos dizer; e a *comunidade* na qual a Palavra se torna ação transformadora.

A Leitura Orante, feita com assiduidade, transforma as nossas relações com nós mesmos, com os outros, com o universo. Trata-se de abrir-nos para a ação do Deus Vivo que vem ao nosso encontro para dialogar conosco, para escutar-nos. É o encontro entre dois corações, entre dois desejos; é doação recíproca. Deus vem a nosso encontro e nos chama à comunhão, por meio de uma escuta obediente e disponível: "Fazei tudo o que Ele vos disser" (Jo 2,5).

---

[1] Há muitas maneiras de fazer a *Lectio Divina*. Ela segue uma estrutura que se desenvolve basicamente em três momentos: 1. Introdução – para falar do seu objetivo, que é o encontro com Deus; 2. Primeira abordagem do texto bíblico – contextualização do texto e sua estrutura, com explicações que podem ser dadas de três modalidades diferentes: palavra por palavra do texto, ou frase por frase, ou, ainda, por meio de uma leitura criativa sobre personagens e elementos que aparecem no texto. Na leitura criativa ressalta-se a atitude do personagem bíblico, sinais, lugares ou emoções; 3. Palavra que interpela a nossa vida – faz-se perguntas que nos atualizam o texto hoje. Por exemplo: no texto de Mt 2,1-12, os Reis Magos buscaram Jesus: "Onde está o rei dos judeus que nasceu?". O que eu venho buscando? Por que eu busco o Senhor? Por fim, conclui-se a *Lectio Divina* com um salmo ou texto bíblico.

[2] O texto da CRB, *Leitura Orante da Bíblia* (Col. Tua Palavra é vida, Loyola, 1997), fala de quatro passos: leitura, meditação, oração e contemplação. Ela segue esta sequência e une num único passo contemplação e ação. Cf. Bibliografia no final do livro.

Vamos ao seu encontro com o desejo ardente de encontrar-nos com Deus, aquele que o nosso coração ama, e de realizarmos a sua vontade com a comunidade que nele acredita.

Para a realização da experiência da Leitura Orante, há uma flexibilidade quanto ao número de passos a serem seguidos e à sua sequência. A proposta do Serviço de Animação Bíblica (SAB)[3] é de cinco passos nesta sequência: leitura, meditação, contemplação, oração e ação.

Passos da Leitura Orante

Leitura

Leitura enquanto estudo – situa o texto no contexto de origem. Observa o aspecto:

- *Literário:* Quem? O quê? Onde? Por quê? Quando? Como? Com que meios? Como o texto se situa dentro do contexto literário do livro do qual faz parte?

- *Histórico:* dimensões econômica, social, política, ideológica, afetiva, antropológica e outras que se refletem no texto ou são obtidas por leituras e informações paralelas.

- *Teológico:* perceber por meio do texto o que Deus tinha a dizer para aquele povo e para nós, hoje. Como o povo assumia e celebrava a fé no seu Deus?

Este procedimento, nós podemos ter no estudo e na oração individual. Se o tempo o permitir, podemos realizar o estudo literário, histórico e teológico que nos é proposto, como preparação à prática da Leitura Orante propriamente dita.

Caso contrário, podemos apenas nos ater a ler e reler, pausadamente, o texto para entender a palavra, apropriar-nos dela e fazê-la

---

[3] A proposta de cinco passos na sequência de leitura, meditação, contemplação, oração e ação foram feitas na década de 1990, pela Federação Bíblica Católica da América Latina e Caribe, da qual o SAB é membro. Esta é a que foi adotada pelo SAB.

nossa. Ler *como*? Em voz alta; com muita atenção; repetidamente; sem interesse; gratuitamente; em busca do Reino de Deus e do nosso bem e do povo, sendo imparcial, para que o texto não se reduza ao tamanho de nossas ideias; sem discutir ou discordar, porque cada pessoa vai compreender de forma diferente o que ouviu, pois as experiências de vida são diferentes. A leitura corresponde à pergunta: *o que o texto diz?* Canta-se um refrão apropriado e passa-se ao segundo passo, a meditação.

Meditação

A meditação responde à pergunta: *o que o texto diz para mim, para nós, para a nossa realidade/comunidade?* Ela nos mostra a verdade oculta, isto é, a mensagem que traz para nós hoje e que precisamos atualizá-la. Como fazer meditação? Os monges ensinam a usar a mente e a razão, para poder descobrir a verdade oculta, e a dialogar com o texto e Deus, perguntando sobre o que há de semelhante e de diferente entre a situação retratada e a nossa situação; sobre os conflitos que aparecem; sobre a mensagem que ele nos traz; sobre a mudança de comportamento que o texto nos propõe; sobre como ruminar todo o texto, uma parte ou até mesmo uma frase ou palavra. Eles nos ensinam a meditar dia e noite na lei do Senhor, como diz o salmista (Sl 1,2), ou como Maria, que meditava no seu coração (mente) os mistérios de Deus (Lc 2,51). A percepção que temos do texto é muito importante. Ela não vem somente do estudo, mas, sobretudo, da experiência de vida. São Jerônimo dizia que pela leitura se atinge a casca da letra e se tenta atravessá-la para atingir na meditação o fruto do espírito.

Contemplação

O que é a contemplação? É reviver, com os personagens que aparecem no texto, a experiência que eles viveram. Esse passo responde à pergunta: *o que a Palavra nos leva a experimentar?* Sugere-se ficar em uma posição cômoda e, se favorecer a concentração, fechar os olhos, sem dormir, imaginando a cena, os personagens, e colocar-se no meio deles. Perceber suas expressões faciais, seus sentimentos, seus desejos. Entrar em diálogo com eles, perguntando e ouvindo suas respostas. Prestar atenção aos sentimentos que vão surgindo em nós. Perceber para onde o Espírito está nos conduzindo. Permanecer um tempo saboreando a intimidade com o Senhor!

Oração

Chegou o momento de falar com Deus em primeira pessoa, dirigindo-nos a ele. Nessa hora nos deparamos com a incapacidade humana de responder aos apelos de Deus. A oração é como uma resposta ao chamado, é o reconhecimento de nossa pequenez, de nossa fragilidade. Precisamos da força de Deus que nos vem também pela oração. Na oração respondemos à pergunta: *o que o texto me leva a falar com Deus?* A oração está presente em todo instante. A atitude de oração é como aquela de Maria: "Faça-se em mim segundo a tua Palavra" (Lc 1,38). Como rezar? A oração pode ser de louvor, de ação de graças, de súplica, de pedido de perdão, de indignação, conforme o que dita o nosso coração.

Ação

A ação é o fruto daquilo que "fez arder o coração" (Lc 24,32) e agora nos leva a uma ação concreta. É o ponto de chegada e de partida da Leitura Orante. A ação é como o fruto de uma árvore, que cresce e amadurece lentamente. Ele já está dentro da semente, mas só aparece no momento oportuno. A ação é também o novo olhar que brota diante da realidade. Depois de concluído o processo, a prática realimenta a nossa reflexão e vice-versa. Por isso, a Leitura Orante é como um colírio que pingamos em nossos olhos e nos ajuda a enxergar a vida com um novo colorido.

2.4. Dinâmica de integração – Quem sou eu?

Motivação

Estamos aqui, cada um de nós – conforme a vida na família, na educação, na escola e na convivência em sociedade – foi se moldando ou se deixando moldar. É o que confere a nossa identidade. Somos o que somos por aquilo que eu e os demais construímos ou deixamos de construir em nós. Mas, visto sob o prisma da fé, somos muito mais, somos filhos e filhas amados de Deus. Ele pensou em nós desde toda a eternidade. Ele nos chamou à vida e nos deu muitos dons. Será que temos consciência dos dons, das habilidades e das qualidades humanas e espirituais que temos?

Objetivos

- Facilitar o autoconhecimento.
- Despertar a autovalorização.
- Promover a integração do grupo.

Material

- Canetas hidrocor.
- Alfinetes.
- Meia folha de papel ofício.
- Aparelho de CD.
- CD de música instrumental ou para meditação.

Descrição da dinâmica

Distribuir o papel para o grupo e pedir que cada um escreva seu nome com letra grande e visível, para que possa ser lido a uma distância média. (*Pausa.*)

Criar um símbolo que o identifique, no tamanho 3 x 4, reservando um espaço na folha. (*Pausa.*)

Dar três respostas à pergunta: Quem sou eu? (*Pausa.*)

Quando todos terminarem, serão convidados a fixar o papel no peito e andar pela sala observando os nomes, os símbolos com o qual se identificaram. O que cada um desenhou e escreveu é sagrado, porque parte do seu interior. Por isso, nossa atitude será de respeito e reverência, como que pedindo licença para entrar em comunhão com a outra pessoa.

Antes, porém, de iniciar a leitura dos nomes e das respostas dadas pelos colegas à pergunta: "Quem sou eu?", vamos nos olhar nos olhos, dar um sorriso em silêncio e, depois, fazer a leitura. Ao concluí-la, faremos um gesto de agradecimento olhando para a pessoa com um sorriso e uma inclinação, sempre em silêncio.

Momento de espiritualidade – Pela Palavra, nos reconhecemos mutuamente

O que conseguimos escrever sobre nós mesmos e o que lemos na partilha de nossos colegas é sagrado, faz parte da nossa essência. Nós nos descobriremos em muitos aspectos daquilo que os colegas nos revelarem, ao falarem de si mesmos. É no convívio, na partilha que percebemos a multiplicidade dos dons com os quais o Senhor nos dotou. Nada melhor do que rezarmos esta experiência que vivemos.

Canto: "Eu quero ver".[4]

Texto: Fl 1,3-11 – Fazer ressonância da palavra que lhe tocou.

Oração espontânea

A partir da Palavra e da experiência vivida na dinâmica da autoapresentação, vamos fazer nossa oração espontânea. Ela pode ser de louvor, de agradecimento, de súplica, de pedido, como se desejar. A cada três preces, vamos cantar o refrão:

---

[4] VICENTE, José. Eu quero ver. CD: *Coletânea*, cit. Faixa 4.

Refrão: Ele me amou (2x) / Ele se entregou por mim! / Ele me amou e se entregou por mim![5]

Canto: "Salmo 139".[6]

Conclusão: Ao concluir a dinâmica, convidar o grupo para rezar a experiência vivida.

Neste momento podemos partilhar: Como eu me senti? O que consegui alcançar?

2.5. Introdução ao tema –
Bíblia, comunicação entre Deus e o povo

O livro *Bíblia: comunicação entre Deus e o povo* traz uma introdução geral à Bíblia. Além de tais informações, quer nos ajudar a reconstruir os nossos conceitos bíblicos, pois muitas pessoas a têm como livro caído do céu, ditado por Deus aos autores sagrados, sem erros de nenhuma natureza. Outros a consideram um livro ultrapassado, difícil de ser entendido e, por isso, não se dispõem a tomá-lo nas mãos. Para muitos, a primeira parte conhecida como Antigo Testamento já foi superada pelo Novo Testamento, que nos fala de Jesus. Agora, quem nos interessa é somente Jesus, portanto, deixamos de lado o Primeiro Testamento.

Vamos tomar em mãos o livro *Bíblia, comunicação entre Deus e o povo*, e observar a sua capa. O que vocês percebem nela, desde o título até a ilustração? (*Deixar um tempo para comentários.*) O título do livro nos coloca nas duas perspectivas, divina e humana; Deus e o ser humano. Onde eles estariam representados na ilustração da capa? Deus, na luz que vem do alto e o ser humano, nas mãos. Ambos, Deus e o ser humano, realizam a missão de legar para a humanidade os escritos sagrados. Vemos aí mãos sobrepostas para indicar que atrás de cada autor está a comunidade.

---

[5] TURRA, Fr. Luiz. Ele me amou. CD: *Palavras sagradas de Paulo Apóstolo*. São Paulo: Paulinas/Comep, 2010. Faixa 11.

[6] MINISTÉRIO Pentecostes. Sonda-me. CD: *Sonda-me*. São Paulo: Codimuc, 2000. Faixa 5.

Foram muitas as pessoas que escreveram a Bíblia ao longo de mais de mil anos. Observem que há uma pena na mão, com um tinteiro ao lado. Era uma técnica de escrita antiga que as pessoas mais jovens já não conhecem mais. Na ilustração aparece um pergaminho que era feito de coro de animal, curtido e preparado de forma adequada para ser usado na escrita. Esse é um dos materiais sobre os quais foi escrita a Bíblia. Naquele tempo não havia papel, caneta esferográfica, nem gravador, muito menos computador, como existem hoje. Tudo era muito mais precário. Poucas pessoas sabiam ler e escrever. O povo era analfabeto.

Bíblia, comunicação entre Deus e o povo é o primeiro livro da primeira série Visão Global da Bíblia, formada por 15 volumes. A segunda série, Teologias Bíblicas, é composta de 17 volumes, mais *As origens apócrifas do cristianismo*. A terceira série, sobre Palavra: Forma e Sentido, destaca os diferentes modos literários presentes na Bíblia. Há, ainda, a quarta série, de Recursos Pedagógicos na Bíblia.

Esse é, portanto, o início de uma longa caminhada, que começa com este volume introdutório. Nele, a partir da página 7, encontramos uma Metodologia de estudo que pretende ser integral, abrangendo o ser humano em sua mente, coração, liberdade, e inserido numa comunidade. Os recursos de que dispomos para fazer esta caminhada são: o *livro*, que suscita uma partilha comunitária sobre a herança da fé vivida em família e na comunidade eclesial; os *mapas,* o *power point* e as *transparências*, que nos ajudam a conhecer os lugares onde viveu o povo da Bíblia; os *vídeos* bíblicos, que complementam os nossos conteúdos; e as *dinâmicas*, as quais vão nos auxiliar a suscitar maior partilha e integração entre nós.

Desde esse primeiro volume, temos o caminho que vamos percorrer – *História do povo de Deus – linha do tempo*. É claro que essa linha de tempo é uma leitura a partir da ótica cristã, que coloca Jesus, o Cristo, como centro da história. Observem as datas antes de Jesus em numeração decrescente e depois dele, de forma crescente, para mostrar a centralidade de Jesus na história. Para ele a história converge e dele parte. No mundo ocidental, o calendário cristão se impôs, mesmo que cada povo tenha a sua forma de contar os anos. Mas, de forma geral, este é respeitado internacionalmente.

Na introdução do livro, tomamos conhecimento dos subtemas que ele apresenta. O primeiro subtema traz uma explicação sobre a palavra Bíblia, os dois testamentos e como encontrar a citação de um livro da Bíblia. Observe o uso de: Primeiro Testamento em lugar de Antigo Testamento e Segundo Testamento em lugar de Novo Testamento. Essa nomenclatura favorece a compreensão do verdadeiro sentido de ambos os Testamentos, isto é, o Segundo não anulou o Primeiro, antes, o integrou. Somente iremos entender bem o Segundo, quando compreendermos bem o Primeiro. Não há uma ruptura entre os dois Testamentos, e sim uma continuidade. Paulo chama o Primeiro Testamento de Antigo Testamento e esta expressão (2Cor 3,14) aparece em contexto polêmico, pois, na tradição judaica, da qual ele fazia parte, o Primeiro Testamento é conhecido, normalmente, por Escrituras.[7]

Outra mudança que você já deve ter percebido é a indicação dos anos: *antes da Era Comum* (a.E.C.) em lugar de *antes de Cristo* (a.C.) e *Era Comum* (E.C.) para depois de Cristo (d.C.). Esse uso é mais por respeito à tradição judaica, que não tem Jesus como centro de sua história, como também de outras denominações religiosas. Esta consideração em nada diminui a centralidade de Jesus Cristo na história, para nós cristãos e católicos.

O segundo tema, *Bíblia: comunicação de Deus em linguagem humana,* apresenta as línguas nas quais foi escrita a Bíblia. Estas línguas ainda estavam em formação no tempo da redação da Bíblia: o hebraico, o aramaico e o grego. Vamos observar no livro, à página 24, o salmo 134 escrito em hebraico, e na página 25, o Pai-Nosso es-

---

[7] As Escrituras incluem: Torá (Pentateuco), Neviim (Profetas anteriores e posteriores) e Ketuvim (escritos). Citações no Segundo Testamento onde aparece a expressão Escrituras: Mt 21,42; 22,29; 26,54-56; Mc 12,10; 14,49; Lc 24,27.32.45; Jo 2,22; At 8,32; Rm 1,2; 1Cor 15,3; Gl 4,30; 2Pd 3,16.

crito em grego. Logo depois, você conhecerá o material sobre o qual foi escrita a Bíblia: o papiro, o pergaminho e as tabuinhas de argila.

O terceiro tema, *Arqueologia e inspiração divina: Deus e as pessoas escrevendo e compreendendo a Bíblia*, evidencia as ciências humanas, que muito auxiliaram no estudo do povo da Bíblia, como a arqueologia, a sociologia, a história, a numismática e outras. Este povo nos deixou uma lista de 39 livros que fazem parte do cânon da Bíblia hebraica, também usada pelas Igrejas cristãs. E a Igreja Católica integrou os 39 livros da Bíblia hebraica, mais 7 do cânon Alexandrino e os 27 livros do Segundo Testamento.

Por fim, o quarto tema, *Deus fala na Bíblia e nas histórias que o povo conta,* revela que, além dos escritos conservados na Bíblia, existiam outros que não passaram a fazer parte do Livro Sagrado. São os livros apócrifos, considerados não inspirados. Em seguida, você vai saber como a Bíblia chegou até nós pela tradução nas diversas línguas, também em português. Na verdade, faz muito pouco tempo que a Bíblia chegou a nós e tornou-se um livro de fácil acesso; foi em 1943, com a tradução de Pe. Matos Soares, amplamente divulgada. Ao lermos a crítica textual, vamos perceber o imenso respeito de Deus, que passa pelas limitações humanas daqueles que copiaram os textos, muitas vezes sem ouvir nem enxergar bem, mas que se dispuseram a dar sua contribuição nas cópias que chegaram até nós.

2.6. Dinâmica de formação de grupos – Figuras iguais

Motivação

Todos os seres vivos têm certa autonomia quando nascem. Os humanos, não. Isso nos revela que somos seres dependentes; precisamos uns dos outros para sobreviver, para crescer em todos os sentidos: no humano, no cultural, no espiritual, no social, no econômico e em todas as demais esferas inerentes ao ser humano. Paulo afirma que "somos muitos e formamos um corpo em Cristo, sendo membros um dos outros" (Rm 12,5; cf. 1Cor 12,12-30).

Objetivos

- Possibilitar a troca de experiências no estudo da Bíblia.
- Favorecer o rodízio e a integração entre todos os membros do grupo.

Material

- Aparelho de CD.
- CDs com a indicação dos cantos.
- Pares iguais de gravuras, conforme o número de participantes da turma.

Descrição da dinâmica

Formar 4 subgrupos, de acordo com o número de temas da VG 1, com as gravuras de marcadores. Colocá-las numa bandeja ou cestinho, com o verso para cima. Pedir a cada participante que retire uma gravura, observe a figura e a mensagem escrita e que faça sua reflexão pessoal por alguns instantes. Convide-os a formarem duplas, de acordo com a figura/mensagem tirada, e partilhar a reflexão que fizeram. Formar quartetos, agrupando duas duplas. Continuar esse movimento, até que os 4 grupos fiquem com mais ou menos o mesmo número de participantes.

Conclusão

Encaminhar os subgrupos para os seus respectivos locais de estudo.

2.7. Dinâmica de estudo dos temas – Saberes reelaborados

Motivação

Cada um de nós, com certeza, tem o seu jeito de estudar e conhece o próprio processo de assimilação de novos conhecimentos. Essa consciência do próprio processo de aprendizado passa pela comparação, pelo confronto e pela integração do novo aprendizado com o que já havíamos adquirido anteriormente.

Objetivos

- Confrontar-se com os conhecimentos bíblicos já adquiridos, enriquecidos e reformulados.
- Apropriar-se de uma metodologia para avaliar o próprio aprendizado.

Material

- Cartolinas divididas em três colunas.
- Pinceis atômicos de cores diferentes.

Descrição da dinâmica

Os participantes são convidados para a revisão dos 4 temas estudados na VG 1. Cada grupo receberá um pincel atômico de cor diferente dos demais e uma folha grande, dividida em três colunas paralelas, com as seguintes questões:

- O que nós já sabíamos?
- O que nós não sabíamos?
- O que foi reelaborado?

Conclusão

Partilhar a experiência vivida.

2.8. Dinâmica de formação de grupos – Melodias que reúnem

Motivação

É muito importante que as pessoas conheçam os nomes e as abreviaturas dos livros da Bíblia, para se familiarizarem com ela e manuseá-la adequadamente.

O Estudo da Bíblia em Dinâmicas

Objetivo
- Identificar os nomes dos livros da Bíblia por meio das abreviaturas, com os respectivos capítulos e versículos.
- Agilizar a busca e o manuseio da Bíblia.
- Crescer no conhecimento e no uso adequado da Bíblia.

Material
- Fichas contendo cada qual o refrão de um canto.
- Folhas com citações bíblicas.

Descrição da dinâmica

Num grande círculo, cada participante recebe uma ficha, contendo letras diferentes de refrões de músicas bem conhecidas. Pede-se que cantem bem alto cada qual o seu refrão, agrupando-se de acordo com o refrão, formando subgrupos. O número de refrões corresponde ao número de subgrupos que se deseja formar; e o número de fichas de cada refrão corresponde ao número de participantes de cada subgrupo. Distribuição de tempo: 20 minutos para a realização do exercício proposto em grupos e 25 minutos para tirar dúvidas e dar esclarecimentos.

Conclusão
Como foi a participação nesta atividade?

Sugestão de refrões
- É como a chuva que lava, é como o fogo que arrasa. Tua palavra é assim, não passa por mim sem deixar um sinal.[8]
- Javé, o Deus dos pobres, do povo sofredor, aqui nos reuniu pra cantar o seu louvor! Pra nos dar esperança e contar

---

[8] OLIVEIRA, José Fernandes de (Pe. Zezinho, scj). Tua palavra é assim. CD: *Sem ódio e sem medo*, cit.

com sua mão, na construção do Reino, Reino novo, povo irmão.[9]
- Chegou a hora da alegria: vamos ouvir esta palavra que nos guia.[10]
- Também sou teu povo, Senhor, e estou nesta estrada, somente a tua graça me basta e mais nada. (bis)[11]
- Indo e vindo, trevas e luz, tudo é graça, Deus nos conduz.[12]
- Deus vos salve, ó Deus. (bis) Deus salve as pessoas, onde mora Deus... vos salve, Deus.[13]
- Onde reina o amor, fraterno amor! Onde reina o amor, Deus aí está![14]

2.9. Exercício – Transcrição de citações bíblicas por extenso

1. Gn 2,4b-25; 15,1-10

2. Lv 17,10-12.16

3. Dt 6,4-9.14-16.24-25

4. Js 1–12; 14–17; 18,1–21,45

5. 1Sm 16,1; 2Sm 1,27

6. Sl 119,1.17-24.153-160

---

[9] PEQUENOS Cantores de Apucarana. Esperança – Sl 111. CD: Tua Palavra permanece; o chamado. São Paulo: Paulinas/Comep, 1987. Faixa 8.
[10] VICENTE, Zé. Chegou a hora da alegria. CD: *Festa dos pequenos*. São Paulo: Paulinas/Comep, 1994. Faixa 11.
[11] VV.AA. O povo de Deus. CD: *Canções para orar* – 2. São Paulo: Paulinas/Comep, 1998. Faixa 2.
[12] CNBB. Indo e vindo. CD: *Ofício Divino das Comunidades* – 9; refrões meditativos. São Paulo: Paulus, 2003. Faixa 7.
[13] Id. Deus vos salve, Deus! *Ofício Divino das Comunidades II*; livro de partituras. São Paulo: Paulus, 2005. p. 310.
[14] TAIZÉ. Onde reina o amor. CD: *Coração confiante*. São Paulo: Paulinas/Comep, 1999. Faixa 4.

2.10. Estudo do documento *Interpretação da Bíblia na Igreja* – Em grupos

Grupo 1 – pp. 5-36 do documento.

- Meia hora de leitura individual das páginas indicadas. Observação: ler antes o índice geral do documento, para se inteirar de todo o seu conteúdo. Contextualizar, no documento, as páginas indicadas para leitura.
- Vinte minutos de partilha, em grupo, para a unificação dos pontos centrais da leitura feita individualmente.
- Meia hora para a socialização de todo o conteúdo do documento, em novos grupos.
- Elaborar uma frase-síntese de todo o documento.

Grupo 2 – pp. 31-46 do documento.

- Meia hora de leitura individual das páginas indicadas. Observação: ler antes o índice geral do documento, para se inteirar de todo o seu conteúdo. Contextualizar, no documento, as páginas indicadas para leitura.
- Vinte minutos de partilha, em grupo, para a unificação dos pontos centrais da leitura feita individualmente.
- Meia hora para a socialização de todo o conteúdo do documento, em novos grupos.
- Elaborar uma frase-síntese de todo o documento.

Grupo 3 – pp. 31-36 e 46-66 do documento.

- Meia hora de leitura individual das páginas indicadas. Observação: ler antes o índice geral do documento, para se inteirar de todo o seu conteúdo. Contextualizar, no documento, as páginas indicadas para leitura.
- Vinte minutos de partilha, em grupo, para a unificação dos pontos centrais da leitura feita individualmente.

- Meia hora para a socialização de todo o conteúdo do documento, em novos grupos.
- Elaborar uma frase-síntese de todo o documento.

Grupo 4 – pp. 31-36 e 66-86 do documento.

- Meia hora de leitura individual das páginas indicadas. Observação: ler antes o índice geral do documento, para se inteirar de todo o seu conteúdo. Contextualizar, no documento, as páginas indicadas para leitura.
- Vinte minutos de partilha, em grupo, para a unificação dos pontos centrais da leitura feita individualmente.
- Meia hora para a socialização de todo o conteúdo do documento, em novos grupos.
- Elaborar uma frase-síntese de todo o documento.

Grupo 5 – pp. 31-36 e 87-102 do documento.

- Meia hora de leitura individual das páginas indicadas. Observação: ler antes o índice geral do documento, para se inteirar de todo o seu conteúdo. Contextualizar, no documento, as páginas indicadas para leitura.
- Vinte minutos de partilha, em grupo, para a unificação dos pontos centrais da leitura feita individualmente.
- Meia hora para a socialização de todo o conteúdo do documento, em novos grupos.
- Elaborar uma frase-síntese de todo o documento.

Grupo 6 – pp. 31-36 e 103-124 do documento.

- Meia hora de leitura individual das páginas indicadas. Observação: ler antes o índice geral do documento, para se inteirar de todo o seu conteúdo. Contextualizar, no documento, as páginas indicadas para leitura.

- Vinte minutos de partilha, em grupo, para a unificação dos pontos centrais da leitura feita individualmente.
- Meia hora para a socialização de todo o conteúdo do documento, em novos grupos.
- Elaborar uma frase-síntese de todo o documento.

Grupo 7 – pp. 31-36 e 124-144 do documento.

- Meia hora de leitura individual das páginas indicadas. Observação: ler antes o índice geral do documento, para se inteirar de todo o seu conteúdo. Contextualizar, no documento, as páginas indicadas para leitura.
- Vinte minutos, em grupo, para a unificação dos pontos centrais da leitura feita individualmente.
- Meia hora para a socialização de todo o conteúdo do documento, em novos grupos.
- Elaborar uma frase-síntese de todo o documento.

Grupo 8 – pp. 31-36 e 145-162 do documento.

- Meia hora de leitura individual das páginas indicadas. Observação: ler antes o índice geral do documento, para se inteirar de todo o seu conteúdo. Contextualizar, no documento, as páginas indicadas para leitura.
- Vinte minutos de partilha, em grupo, para a unificação dos pontos centrais da leitura feita individualmente.
- Meia hora para a socialização de todo o conteúdo do documento, em novos grupos.
- Elaborar uma frase-síntese de todo o documento.

2.11. Exercício de síntese – *Bíblia, comunicação entre Deus e o povo*

(As questões são respondidas individualmente.)

1. Quase todos os livros da Bíblia trazem números maiores chamados capítulos, mas em todos eles há números menores conhecidos como versículos. Escrever, por extenso, as citações que seguem:

    Mt 16,13-20

    Mc 8,27-30.34-38; 9,30-37.41

    Ab 16

    2Jo 4–6

2. Quem não sabia ler nem escrever também contribuiu para a formação da Bíblia. Como isso aconteceu?

3. Qual a importância das ciências como a história, a numismática, a epigrafia, a arqueologia e outras, para o estudo da Bíblia?

4. Escreva o seu parecer sobre a afirmação: "A Bíblia não é um livro caído do céu".

5. Quais foram os cânones que serviram de base para formar o Primeiro Testamento da Bíblia, usada pelos cristãos católicos?

6. Você se lembra de algum nome dos livros apócrifos? Por que não entraram no cânon?

7. O que foi novo para você na leitura do documento "A interpretação da Bíblia na Igreja"?

8. Nas traduções da Bíblia encontramos, além da tradução dos textos originais, outros recursos para o estudo e a sua melhor compreensão. Quais são estes recursos? Cite alguns.

9. A Bíblia, para os cristãos, é livro Sagrado, é Palavra de Deus. Como você justificaria os textos nos quais Deus "manda" passar

ao fio da espada homens, mulheres, velhos e crianças (cf. Js 6,21)?

10. A Bíblia afirma em Gn 5,27 que Matusalém viveu 960 anos. Como entender essa afirmação? Explique.

2.12. A Palavra se renova em nós

Motivação

Chegou o momento de fazermos uma síntese de tudo o que vivenciamos no estudo que realizamos hoje. As ricas partilhas que nasceram entre nós. Descobrimos novos significados e adquirimos novos conhecimentos da Bíblia. Conhecemos sua história, como ela chegou até nós, o trabalho de muitas pessoas que contaram e recontaram as histórias dos antepassados, para serem escritas muito tempo depois. E hoje usufruímos dessa riqueza imensa e com tanta facilidade. Vamos fazer memória do que queremos celebrar.

O que chamou mais sua atenção neste estudo de hoje? (*Pausa.*)

Partilha espontânea

A cada duas partilhas, vamos cantar o refrão: "Teu sol não se apagará, tua lua não terá minguante, porque o Senhor será tua luz, ó povo que Deus conduz!".[15]

Texto: 2Mc 2,13-15; Lc 4,16-20.

Reflexão

O texto de Macabeus nos revela o cuidado que o povo tinha em conservar os seus escritos sagrados, sobretudo, em situação de guerra, para que não se perdessem. E, ao mesmo tempo, apresenta que havia uma abertura para o intercâmbio dos livros sagrados entre uma comunidade e outra.

---

[15] CNBB. Teu sol não se apagará. *Ofício Divino das Comunidades II*; livro de partituras, cit., p. 330.

O evangelho de Lucas mostra o uso que a comunidade fazia deles. Jesus entra na sinagoga e escolhe o texto do profeta Isaías. Depois de o ter lido (Is 61,1-2), Lucas afirma que ele enrolou o livro e disse: "Hoje se cumpriu aos vossos ouvidos essa passagem das Escrituras" (Lc 4,21). Jesus se identifica com a missão do profeta Isaías.

Qual é o uso que eu faço da Bíblia?

Canto: "Santo Livro".[16]

2.13. Olhar retrospectivo – Avaliação da caminhada

(As questões são respondidas individualmente.)

1. Neste 2º Encontro eu me senti...
2. A forma como foi conduzido o nosso dia...
3. Nos trabalhos em grupos, eu me...
4. O momento menos produtivo...
   Justifique.
   O momento mais produtivo...
   Justifique.
5. Palavra aberta...

Invoquemos a bênção do Senhor sobre nós

O Senhor nos abençoe e nos desperte de manhã em manhã; sim, desperte o "nosso" ouvido, para que "ouçamos" como os discípulos. O Senhor abra os nossos ouvidos e não sejamos rebeldes (cf. Is 50,4-5).

O Senhor abençoe cada um que participou e colaborou neste encontro com sua partilha e seu serviço, para o crescimento de todos nós.

---

[16] OLIVEIRA, José Fernandes de (Pe. Zezinho, scj). Santo Livro. CD: *Meu irmão crê diferente*. São Paulo: Paulinas/Comep, 1987. Faixa 11.

Invoquemos sobre nós e sobre cada ser humano a bênção de Deus: "O Senhor te abençoe e te guarde! O Senhor faça resplandecer o seu rosto sobre ti e te seja benigno! O Senhor mostre para ti a sua face e te conceda a paz!" (Nm 6,24-26).

Bendigamos ao Senhor! Graças a Deus!

3º encontro

Terras bíblicas: encontro de Deus com a humanidade

3.1. Preparação do encontro

Leituras indispensáveis

Ler o livro *Terras bíblicas: encontro de Deus com a humanidade* (VG 2).

Ler o documento: *Crescer na leitura da Bíblia* (Estudos da CNBB, n. 86, Paulus).

Textos e indicação de cantos

Exercício de síntese; CDs com a indicação dos cantos.

Recursos pedagógicos

Linha do Tempo, reproduzida em pano ou papel, conforme a indicação do mapa n. 42, no livro: *Caminhamos na história de Deus* (VG 15); fichas com o nome de mulheres da Bíblia: Rute, Débora, Miriam, Séfora, Raquel, Agar, Rebeca e Tamar; cópias da Carta ao inquilino da Terra; mapas das regiões naturais da terra de Israel e do Brasil, reproduzidos em pano; flores naturais; panhoca (pão grande); suco de uva em jarra de vidro; cesta de frutas; serragem pintada nas cores: azul, marrom, verde e marrom escuro; DVD da ida do astronauta brasileiro Marcos Pontes à Lua; aparelho de TV, DVD ou projetor multimídia.

3.2. Sugestão de programa –
Terras bíblicas: encontro de Deus com a humanidade

08:00 – Acolhida
08:10 – Leitura Orante: "Vai para a terra que eu vou te mostrar"
09:00 – Memória e introdução ao tema: *Terras bíblicas: encontro de Deus com a humanidade*
09:45 – Dinâmica de formação de grupos: "A fé tem pai e mãe"
10:00 – Intervalo
10:15 – Dinâmica de estudo dos temas: "Terras bíblicas"
    1º Momento – Estudo dos temas em três subgrupos
    2º Momento – Subdivisão de cada subgrupo em três outros subgrupos, numerando-os de 1 a 3 e formando novos grupos para a socialização do estudo feito
11:30 – Plenária: Apresentação do ponto central da discussão
12:00 – Almoço
13:00 – Dinâmica de integração: "Conscientizando-se das motivações"
13:30 – Estudo do documento: "Crescer na leitura da Bíblia"
14:15 – Plenária: Socialização da ideia central
15:00 – Exercício de síntese
16:00 – Intervalo
16:15 – Celebrando a maternidade da Terra
DVD – Documentário: Ida à Lua de Marcos Pontes
18:00 – Conclusão do encontro

3.3. Leitura Orante –
"Vai para a terra que eu vou te mostrar"

Motivação

O texto que vamos rezar na Leitura Orante de hoje é sobre a vocação de Abraão. Todas as narrativas sobre o patriarca têm o seu eixo central na Promessa de Deus: de dar-lhe descendência, um grande nome e uma terra. Sem um pedaço de terra não será possível descendência, porque é da terra que o povo tira o seu sustento, a água, as condições de vida. A terra em todos os tempos da história de Israel foi motivo de disputa, de alegria e de sofrimento. Ela vive constantes ameaças de grandes impérios, que a transformam em corredor de passagem entre dois continentes, a África e a Ásia. A luta pela terra é uma realidade de ontem e de hoje.

Quantos são os que hoje lutam por um pedaço de terra para cultivar, para morar? Neste texto que vamos rezar, Deus promete a Abraão um pedaço de terra para os seus descendentes.

Passos da Leitura Orante

Leitura: O que o texto diz? Depois da leitura do texto, pode-se repetir a palavra ou frase que mais chamou sua atenção. Não importa se é a mesma que alguém já falou.

Meditação: O que o texto diz para mim? Aqui, pode-se partilhar por que a palavra ou frase, falada em voz alta ou não, chamou sua atenção.

Contemplação: O que a palavra me levou a experimentar? É o momento de reviver, na experiência retratada na palavra, a minha experiência, percebendo as moções do Espírito.

Oração: O que o texto me leva a falar com Deus? Falar com Deus em primeira pessoa sobre o que esta palavra suscitou em mim.

Ação: O que a palavra me pede para viver? Escolhe-se um gesto concreto para viver até a próxima Leitura Orante.

Canto: "Divina fonte",[1] ou "Oração ao Espírito Santo".

Texto: Gn 12,1-8 – Vocação de Abraão.

---
[1] TREVISOL, Jorge. Divina fonte. CD: *Amor, mística e angústia*. São Paulo: Paulinas/Comep, 1999. Faixa 9.

Entre um passo e outro, canta-se o refrão: Sai da tua terra e vai onde te mostrarei! (bis)[2]

Canto: "Grãos de areia".[3]

Oração: Que o Senhor nos abençoe e nos conceda, como Abraão, coragem para sair de nós mesmos, daquilo que é mais cômodo, e acolhermos o apelo de Deus na realidade a nossa volta. Bendigamos ao Senhor. Amém.

3.4. Introdução ao tema –
Terras bíblicas: encontro de Deus com a humanidade

O segundo volume da série Visão Global é sobre as terras bíblicas, os lugares por onde viveu o povo da Bíblia. Se vocês observarem, a capa do livro tem a cor da terra, marrom. Embora esta possa ter uma cor avermelhada, mais escura, normalmente ela é da cor marrom. O tipo de solo, a configuração geográfica de uma terra ou país determinam, até certo ponto, as condições de vida de um povo, seus hábitos, sua cultura, suas tradições.

A capa do livro traz ainda o Crescente fértil ou a Meia Lua fértil, que abrange a região de grandes rios: o Rio Nilo que fica no Egito, o rio Jordão em Israel, os rios Eufrates e Tigre situados na região da Mesopotâmia, atual Irã e Iraque. A terra de Israel é um corredor de passagem, situado entre grandes impérios: ao sul o Egito, na África; e ao norte a Assíria e a Babilônia, na Ásia. Israel era uma região disputada, pois constituía a única comunicação por terra entre dois continentes.

Por que é importante conhecermos a terra de Israel para o estudo da Bíblia? Porque na leitura da Bíblia vamos perceber a referência a muitos lugares, cidades, rios, montes, serras, desertos, onde se desenvolveram as narrativas bíblicas. Além dos relatos da flora, fauna, produção agrícola e do clima, que influenciaram, em

---
[2] VV.AA. Sai da tua terra e vai. CD: *Canções para orar* – 2, cit. Faixa 5.
[3] RIBEIRO, Pe. João Carlos. Grãos de areia. CD: *Grãos de areia*. São Paulo: Paulinas/Comep, 1998. Faixa 1.

grande parte, as condições de vida e a cultura do seu povo. Essa terra, no decorrer de sua história, sofreu sucessivas ocupações e divisões territoriais. Eis por que é importante conhecê-la, e a seu povo, para melhor entender as Sagradas Escrituras.

Neste livro, conheceremos três temas importantes. No primeiro, a visão de mundo que o povo da Bíblia tinha, situado no continente da Ásia, no planeta Terra, rodeado por grandes impérios.

O segundo tema traz os diferentes nomes dados a esta região, o mapa atual do Estado de Israel e da Palestina, e o primeiro mapa que surgiu por volta do século VI da Era Comum. Esse mapa se encontra na Igreja Ortodoxa de São Jorge, em Mádaba, na Transjordânia. O interessante neste estudo é a proporção que existe entre o Israel dos tempos bíblicos e o Brasil, o que nos oferece uma visão mais real das condições de vida de um e de outro povo.

O terceiro tema, *Entre serras e planícies, um povo luta pela vida*, apresenta as regiões naturais da terra de Israel, as semelhanças e diferenças com a nossa terra, o nosso clima, as riquezas naturais como o minério, a fauna e a flora.

O povo de Israel, pela sua posição geográfica, viveu e continua ainda hoje vivendo em constantes ameaças, por disputas por essa terra. São muito poucos os períodos de paz que este povo viveu, desde os tempos bíblicos até hoje. Vamos ver por meio dos mapas onde essa terra se situa, suas proporções, regiões naturais e seu contexto atual, dividido em dois Estados: Israel e Palestina.

3.5. Dinâmica de formação de grupos – A fé tem mãe e pai

Motivação

Em toda a história do povo da Bíblia, a mulher é parte ativa e integrante na construção dessa história. Ao lado de cada patriarca temos uma matriarca. No processo de libertação do povo da escravidão do Egito, aparecem duas parteiras que protestaram contra as ordens do faraó. Há mulheres como Miriam, irmã de Moisés, que organiza a celebração da vitória. No grupo dos juízes de Israel existem uma juíza, Débora, que vence a batalha contra os inimigos, em defesa de seu povo. Assim, tantas outras que veremos no decorrer de nosso estudo.

Objetivos
- Aquecer o grupo para o trabalho em subgrupos.
- Promover a descontração do grupo.

Material
- Fichas com nomes de mulheres da Bíblia. Escolher três nomes da relação que segue, ou outros: Sara, Séfora, Rute, Débora, Tamar, Rebeca, Miriam, Agar.

Descrição da dinâmica

Distribuir para cada participante do grupo uma ficha contendo o nome de uma das mulheres da Bíblia, previamente escolhidos. Citar para todo o grupo os nomes distribuídos. Retirar do círculo uma cadeira, de forma que uma pessoa do grupo fique em pé. Exemplo: quando o assessor pronunciar o nome de Rute, todas as pessoas que tiverem esse nome devem trocar de lugar. No momento em que for dito: "Mulheres da Bíblia", todos os participantes deverão trocar de lugar, sendo que uma pessoa ficará em pé por falta de lugar para sentar-se. Esta passará a coordenar a brincadeira e assim sucessivamente. Informar ao grupo que, ao ser pronunciado o nome de uma determinada mulher, os participantes que receberam tal nome *precisam* trocar de lugar. O assessor será apenas um observador. Para que alguém possa continuar a dinâmica, é necessário que saiba quais são os nomes que deverá chamar.

Conclusão

Depois que todos os nomes das mulheres foram chamados, pedir que os participantes formem os grupos de acordo com os respectivos nomes sorteados.

3.6. Dinâmica de estudo dos temas – Terras bíblicas

Motivação

Todos os seres humanos nascem dentro de um contexto histórico e situados num lugar do universo. Somos capazes de nos entender e compreender os outros, como também o povo da Bíblia, quando conhecemos o seu contexto histórico e geográfico.

Objetivos

- Situar as pessoas no tempo e no espaço geográfico, quando e onde se formou e viveu o povo da Bíblia.
- Perceber que as condições geográficas influenciam na cultura e na história de um povo.

Material

- O livro: *Terras bíblicas: encontro de Deus com a humanidade* (VG 2).
- Crachás com números de 1 a 6 para a formação de 6 grupos.
- Mapa com as regiões naturais da terra de Israel e mapa do Brasil.

Descrição da dinâmica

1º Momento

Formados os 6 grupos, o 1º e 2º grupo vão estudar separadamente o 1º Tema da VG 2; o 3º e 4º grupo, o 2º tema da VG 2; e o 5º e 6º grupo, o 3º tema da VG 2.

2º Momento

Formam-se novos grupos da seguinte maneira: o grupo 1 une-se ao grupo 2; o 3, ao 4; e o 5, ao 6, para escolherem os pontos mais importantes do estudo feito e a maneira como vão apresentá-lo na plenária.

3º Momento

Apresentação dos 3 grupos em plenária.

Conclusão

Partilhar a experiência vivida.

3.7. Dinâmica de integração – Conscientizando-se das motivações

Motivação

Todos nós que aqui estamos, viemos por algum motivo, saímos de casa a procura de algo mais. Esses motivos podem ser múltiplos: interesse pessoal, interesse apostólico, pastoral, sugestões de amigos, amigas. Mas, na verdade, a motivação que vai me levar a prosseguir na caminhada até o fim é a que brota no mais profundo do meu ser. Você tem consciência dela? A nossa atividade, neste momento, vai nos ajudar a tomar maior consciência dessa motivação.

Objetivos

- Refletir sobre as próprias motivações.
- Verificar a própria disponibilidade para o estudo da Bíblia.

Material

- Aparelho de CD.
- CD com músicas instrumentais para meditação.
- Papel ofício.
- Canetas.

Descrição da dinâmica

Entregar para cada participante uma folha de papel ofício. Pedir que nessa folha de papel cada um contorne sua mão esquerda.

Concluída a tarefa, cada participante escreverá, no centro da mão desenhada, a motivação mais profunda pela qual vieram fazer o Curso Bíblia em Comunidade, e nos dedos, as motivações secundárias.

Terminado este primeiro momento, solicitar que andem pelo espaço, em silêncio, sob um fundo musical, refletindo sobre o que escreveram. Quem quiser partilhar o que escreveu, refletiu e vivenciou, sinta-se livre para fazê-lo. (*Pausa*.)

Conclusão

Descobrimos alguma coisa com essa atividade?

3.8. Estudo do documento *Crescer na leitura da Bíblia* – Em grupos

Estudo do documento *Crescer na leitura da Bíblia* (Estudos da CNBB, n. 86).

Grupo 1 – A Bíblia na realidade de hoje:
- Ler o índice do documento.
- Socializar a leitura do capítulo 1: *A Bíblia na realidade de hoje*.
- Anotar *as ideias* principais e verificar se elas correspondem à realidade que o grupo conhece.

Grupo 2 – As múltiplas características da Bíblia:
- Ler o índice do documento.
- Socializar a leitura do capítulo 2: *As múltiplas características da Bíblia*.
- Anotar as *ideias* principais e verificar se elas correspondem à realidade que o grupo conhece.

Grupo 3 – A Bíblia fala de muitos modos:
- Ler o índice do documento.

- Socializar a leitura do capítulo 3: *A Bíblia fala de muitos modos*.
- Anotar as *ideias* principais e verificar se elas correspondem à realidade que o grupo conhece.

Grupo 4 – Para um livro tão variado, muitas abordagens:
- Ler o índice do documento.
- Socializar a leitura do capítulo 4: *Para um livro tão variado, muitas abordagens*.
- Anotar as *ideias* principais e verificar se elas correspondem à realidade que o grupo conhece.

Grupo 5 – Algumas orientações básicas para a leitura:
- Ler o índice do documento.
- Socializar a leitura do capítulo 5: *Algumas orientações básicas para a leitura*.
- Anotar as *ideias* principais e verificar se elas correspondem à realidade que o grupo conhece.

Grupo 6 – A Bíblia no ecumenismo e no diálogo religioso:
- Ler o índice do documento.
- Socializar a leitura do capítulo 6: *A Bíblia no ecumenismo e no diálogo religioso*.
- Anotar as *ideias* principais e verificar se elas correspondem à realidade que o grupo conhece.

Grupo 7 – Indicações práticas para a animação bíblica na vida da Igreja:
- Ler o índice do documento.
- Socializar a leitura do capítulo 7: *Indicações práticas para a animação bíblica na vida da Igreja*.
- Anotar as *ideias* principais e verificar se elas correspondem à realidade que o grupo conhece.

3.9. Exercício de síntese –
Terras bíblicas: encontro de Deus com a humanidade

(As questões são respondidas individualmente.)

1. Qual a importância de conhecer a terra onde nasceu e viveu o povo que escreveu a Bíblia?

2. Da cosmovisão que o povo da Bíblia tem, nasce a compreensão do número 7 como símbolo da perfeição, da plenitude. Explique.

3. A Bíblia nasceu no meio do povo de Israel, há mais de dois mil anos. Esse povo ocupa, ainda hoje, a terra de Israel. Essa terra recebeu diferentes nomes no decorrer de sua história. Você se lembra de algum desses nomes

4. O tamanho, a configuração geográfica, o clima, o solo da terra de Israel e do Brasil têm semelhanças e diferenças. Ao observar os dois mapas, da terra de Israel e do Brasil, que tipo de reflexão nasce em você?

5. A terra de Israel pode ser dividida em quatro *regiões naturais* e não territoriais. Como se chama a região natural onde se situa o Lago de Genesaré? Que outros nomes este lago recebeu?

6. A palavra *terra* aparece mais de três mil vezes na Bíblia... Que importância tinha a terra para o povo da Bíblia? E que importância a terra tem para nós, hoje?

7. Qual é a importância que o orvalho e o poço d'água tinham para o povo de Israel?

8. O que você achou mais importante na leitura do documento: *Crescer na leitura da Bíblia*?

3.10. Momento celebrativo: Oração final – Celebrando a maternidade da Terra

Motivação: VER

Vamos fazer a Celebração da Terra em três momentos: no primeiro, *Ver* a realidade que vivemos em nossa relação como seres humanos com a terra; a situação do planeta Terra neste momento de nossa história. Sem dúvida, recordaremos realidades maravilhosas e sofridas ao mesmo tempo. Vamos nos ater, primeiramente, às situações que nos pedem um grande ato penitencial, antes de prosseguirmos para o segundo e o terceiro momento de nossa celebração. Sentimos necessidade de estar reconciliados com a Mãe Terra, reconciliados com a natureza, reconciliados com os seres humanos que a habitam.

Ato penitencial

Estão a nossa frente a Linha do Tempo, o mapa do Brasil em proporção com a terra de Israel, serragem pintada na cor *marrom*, para simbolizar as montanhas, *azul*, os rios e oceanos, *verde*, a vegetação, as matas, e o *cinza*, os cerrados. Podemos pegar um punhadinho da serragem e colocá-la sobre as regiões correspondentes ao nosso pedido de perdão, em ambos os mapas. Após o pedido de perdão, todos vamos participar da prece de nosso colega, cantando:

Refrão: Piedade, piedade, piedade de nós.

Conclusão do ato penitencial: concluímos o ato penitencial, ouvindo o canto baseado em Rm 8,22: "Nós sabemos que a criação inteira geme e sofre as dores de parto, até o presente".

Canto: "O mundo que eu quis".[4]

Motivação: JULGAR

Neste segundo momento do *Julgar*, vamos reler à luz da fé, da Palavra de Deus, esta realidade que rezamos no Ver. A realidade

---
[4] VV.AA. O mundo que eu quis. CD: *Canções para orar* – 2, cit. Faixa 12.

que rezamos não corresponde à vontade de Deus, ao seu plano original. E por que não corresponde? Porque nossas atitudes destrutivas não preservaram grande parte da vida de nosso planeta Terra. A vida que ainda resta neste planeta não está a serviço da vida plena para todos, mas só para alguns. Na experiência do povo da Bíblia, relemos a experiência de todos os povos, aos quais Deus deu o dom da terra. Vamos ler o texto:

Leitor 1: Ez 47,13-23 ou Nm 34,1-15 ou Jo 9,1-21 (à escolha).

Preces espontâneas

Ao texto que acabamos de ler, segue a partilha da terra entre as tribos. Se foi ou não foi assim, não vem ao caso neste momento, mas o que este texto quer nos dizer? Que Deus foi fiel à sua promessa. Ele distribuiu a terra entre as doze tribos de Israel; elas representavam a totalidade do povo escolhido. Ninguém ficou desamparado. A terra é um dom para usufruto. Ninguém é herdeiro absoluto e definitivo. Por isso, depois de perdoados pelo Deus da vida, que novamente renova o seu dom para todos os seus filhos, vamos apresentar-lhe a nossa súplica de forma sucinta; por exemplo, "Senhor, abençoa os que cultivam a terra", "Senhor, converte o coração ambicioso que só pensa em si" etc.

A cada prece responderemos:

Todos: Senhor, ajudai-nos a viver o novo céu e a nova terra (Is 65,17).

Canto: "Oremos pela terra".[5]

Oração: Com o coração agradecido, vamos rezar em dois coros alternados, por versículos, o Salmo 104, da *Bíblia de Jerusalém*, que é hino de louvor ao Deus Criador.

---

[5] OLIVEIRA, José Fernandes de (Pe. Zezinho, scj). Oremos pela Terra. CD: *Oremos pela Terra*. São Paulo: Paulinas/Comep, 2010. Faixa 5.

Motivação: AGIR

Neste terceiro momento de nossa celebração, voltamo-nos para o *Agir.* Há muitas pessoas e movimentos em defesa da terra, da natureza. Sentimos imensa gratidão a Deus pelo dom da Mãe Terra. O documentário sobre a ida de Marcos Pontes à lua mostra-nos algumas imagens sobre a Mãe Terra.

DVD: Documentário – depoimento do astronauta Marcos Pontes.

A terra que nos viu nascer

O planeta Terra é o grande presente de Deus para a humanidade. Da terra viemos e para ela voltaremos. Ela nos fala muito no seu todo, mas neste planeta nos situamos num cantinho privilegiado, onde a nossa vida desabrochou. Cada qual vai pensar por alguns instantes na sua terra natal. Vai pensar na terra, na família, na comunidade que o acolheu.

(Pausa com fundo musical.)

Canto: "Cio da terra".[6]

Antártida, Himalaia, Alpes e Andes

A revista *Science,* de 16 de fevereiro de 2006, publicou as descobertas de E. Rognot e P. Kanagaratnan, dois dos maiores geólogos do mundo, sobre as mudanças do nosso planeta. As geleiras do leste da Groenlândia estão se desfazendo a uma velocidade de 38 metros por dia e, portanto, 14 quilômetros por ano. Estão também se derretendo os gelos da Antártida, do Himalaia, dos Alpes e dos Andes. O resultado disso é um aumento do nível do mar, mudança das correntes marítimas responsáveis pelo clima dos continentes e elevação de quase três graus na temperatura da

---

[6] NASCIMENTO, Milton. Cio da terra. CD: *Milton Nascimento*. São Paulo: Universal Music, 1998. Faixa 9. (Coleção Millennium.)

Terra, provocando secas nunca vistas no hemisfério sul e invernos mais rigorosos no norte.

Carta ao inquilino da Terra

Agora vamos ouvir algumas sugestões muito concretas de como podemos agir para preservar a nossa Mãe Terra, ouvindo a leitura da *Carta ao inquilino da Terra*.[7] Todos somos inquilinos, ninguém de nós tem aqui morada permanente. Mas podemos contribuir para uma qualidade de vida melhor para nós e para nossos filhos, netos... Pensando nisso, quais vão ser nossas atitudes daqui para a frente, no relacionamento com a grande Mãe Terra?

Leitor: Carta ao inquilino da Terra.

> Prezado morador,
>
> Gostaríamos de informar que o contrato de aluguel que acordamos há milhões de anos está vencendo. Precisamos renová-lo, porém temos que acertar alguns pontos fundamentais:
>
> Você precisa pagar a conta de energia. Está muito alta! Como você gasta tanta energia?
>
> Antes eu fornecia água em abundância, hoje não disponho mais desta quantidade. Precisamos renegociar o uso.
>
> Por que alguns na casa comem o suficiente, às vezes até desperdiçam, e outros estão morrendo de fome, se o meu quintal é tão grande?
>
> Você cortou as árvores que dão sombra, ar e equilíbrio. O sol está quente e o calor aumentou. Você precisa replantá-las.
>
> Todos os bichos e as plantas do meu imenso jardim devem ser cuidados e preservados.

---

[7] Caderno da AEC do Brasil n. 95 – Campanha da fraternidade 2004 – Água fonte de vida – Adolescentes, Ensino Fundamental II, p. 22.

> Procurei alguns animais e não os encontrei. Sei que, quando aluguei a casa, eles existiam.
>
> Verifique como as cores do céu estão diferentes. Não vejo mais o azul.
>
> Por falar em lixo, que sujeira, hein? Encontrei objetos estranhos pelo caminho! Isopor, pneus, plásticos, latas...
>
> Não vi os peixes que moravam nos lagos, rios e mares. Você pescou todos? Onde estão? É hora de conversar? Preciso saber se você ainda quer morar aqui. Em caso afirmativo, o que você pode fazer para cumprir o contrato?
>
> Gostaria de ter você sempre comigo, mas tudo tem limite.
>
> Você pode mudar?
>
> Aguardo respostas e atitudes.
>
> *Sua casa, a Terra.*

Orientação

Ao concluir, vamos fazer o ofertório dos dons que Deus nos oferece cada dia com tanta prodigalidade e na incondicional gratuidade.

Canto: "A Mãe Terra".[8]

Enquanto cantamos, vamos trazendo os dons, conforme sugestão do canto. Ao final do encontro, os partilharemos.

---

[8] SUSIN, Luiz Carlos. A Mãe Terra, apud: *Mil e uma canções para o Senhor*, cit., p. 113. Preparar um vaso ou jarra com flores, uma cesta com frutas, uma panhoca e uma jarra com suco de uva. Levar cada um desses elementos durante o canto e colocá-lo sobre o mapa ou Linha do Tempo. Concluir com a partilha do pão e das frutas.

4º encontro
O povo da Bíblia narra suas origens

4.1. Preparação do encontro

Leituras indispensáveis

Ler o livro *O povo da Bíblia narra suas origens* (VG 3).

Ler, na *Bíblia de Jerusalém*, tudo o que vem antes de Gênesis 1,1 e após o livro do Apocalipse 22,21. Fazer as anotações que achar úteis. Se puder, verifique o mesmo em outras Bíblias.

Textos e indicação de cantos

Exercício de síntese; CDs com a indicação dos cantos.

Recursos pedagógicos

Linha do Tempo, reproduzida em pano ou papel, conforme a indicação do mapa n. 42, no livro: *Caminhamos na história de Deus* (VG 15); orientações por escrito para grupo de verbalização; orientações por escrito para o grupo de observação; corda de 10 metros de comprimento; folha com o texto do Olhar retrospectivo; faixas contendo, em cada uma delas, datas e nomes de personagens importantes da história de Israel; pregadores de roupa; figuras ou objetos da cultura indígena; figuras ou objetos da cultura africana; figuras de navios portugueses; DVD: *Narradores de Javé*; DVD – Documentário: *O povo indígena brasileiro*.

4.2. Sugestão de programa – *O povo da Bíblia narra suas origens*

08:00 – Acolhida

08:05 – Leitura Orante: "Deus multiplica os frutos do nosso sim"

08:50 – Dinâmica introdutória ao tema: "Personagens da história de Israel"

10:00 – Intervalo

10:15 – Introdução ao tema: *Formação do povo da Bíblia*

11:00 – Dinâmica de formação de grupos: "Pés na caminhada"

11:15 – Dinâmica de estudo dos temas: "Grupo de Verbalização e Grupo de Observação"

12:00 – Almoço

13:00 – Apresentação do 1º e 2º tema

13:30 – Dinâmica de integração: "Ninguém avança sozinho"

13:50 – Apresentação dos temas: 3º e 4º

14:20 – DVD: *Narradores de Javé* (102 min)

15:45 – Intervalo

16:00 – Exercício de síntese

16:45 – Momento celebrativo: "Os antepassados vivem em nós"

18:00 – Olhar retrospectivo

4.3. Leitura Orante – Deus multiplica os frutos do nosso sim

Motivação

O texto que vamos ler, meditar, contemplar, rezar e vivenciar em nossa Leitura Orante é de Êxodo 2,23–3,12, que nos introduzirá no tema de estudo de hoje: *A formação do povo da Bíblia*. O texto nos apresenta a vocação de Moisés, o qual está na origem de tal formação. Moisés é chamado por Deus para a missão de libertar o povo escravo no Egito. Revela-se aí toda a sua luta interior em acolher esta missão. Moisés é o protótipo daquilo que acontece conosco – relutamos em aceitar os chamados que Deus nos faz.

Recordando os passos da Leitura Orante

Leitura: O que o texto diz? Depois da leitura do texto, pode-se repetir a palavra ou frase que mais chamou sua atenção. Não importa se é a mesma que alguém já falou.

Meditação: O que o texto diz para mim? Aqui, pode-se partilhar por que a palavra ou frase, falada em voz alta ou não, chamou sua atenção.

Contemplação: O que a Palavra me levou a experimentar? É o momento de reviver, na experiência retratada na palavra, a minha experiência, percebendo as moções do Espírito.

Oração: O que o texto me leva a falar com Deus? Falar com Deus em primeira pessoa, sobre o que esta palavra suscitou em mim.

Ação: O que a palavra me pede para vivenciar? Escolhe-se um gesto concreto para praticar até a próxima Leitura Orante.

Invocação ao Espírito Santo

Vamos nos preparar para esta experiência, colocando-nos em sintonia com nós mesmos, com nossos colegas e com Deus. Invoquemos as luzes do Espírito Santo para que nos assista e ore em nós e por nós.

Oração: Oração ao Espírito Santo, ou outra.

Canto: "Nas horas de Deus, amém",[1] ou

---

[1] VICENTE, José. Nas horas de Deus, amém. CD: *Nas horas de Deus, amém*. São Paulo: Paulinas/Comep, 1998. Faixa 1.

"Vem, eu te chamo, vai, eu te envio (bis) / Rumo ao mundo novo, leva o meu povo". (bis)[2]

Texto: Ex 2,23–3,12 – Vocação de Moisés.

Canto: "Deixa o rio correr".[3]

Oração: Que o Senhor nos abençoe e nos conceda, como Moisés, sermos fiéis aos chamados que Deus nos faz dia a dia. Bendigamos ao Senhor. Amém.

4.4. Dinâmica introdutória ao estudo – Personagens da história de Israel

Motivação

Somos seres históricos, contingentes, vivemos num certo tempo e ocupamos um determinado espaço. Conhecer a história de uma pessoa ou de um povo implica saber nomes de pessoas, decorar datas, entender o contexto cultural, social, religioso, econômico. O mesmo acontece com a história do povo da Bíblia, em que vamos nos familiarizar com pessoas, datas, acontecimentos e seu contexto histórico.

Objetivos

- Despertar o interesse e a curiosidade pela história de Israel.
- Identificar os nomes, datas, lugares onde viveu o povo da Bíblia.
- Recordar as origens daqueles que nos precederam na fé bíblica.

---

[2] VALENTE, Manoel. *Vem, eu te chamo, vai, eu te envio.* São Paulo: Paulinas/Comep.

[3] OLIVEIRA, José Fernandes de (Pe. Zezinho, scj). Deixa o rio correr. CD: *Canções em fé maior.* São Paulo: Paulinas/Comep, 1998. Faixa 13.

- Situar os personagens bíblicos e não bíblicos no seu contexto histórico.

Material

- Corda de 30 metros de comprimento.
- Prendedores de roupa.
- Pincéis atômicos.
- Faixas de papel em branco, para escrever as datas e os nomes dos personagens bíblicos e não bíblicos, a fim de serem fixados na corda, nos seus respectivos períodos históricos:
  - *Datas:* Origens do mundo; 3000 a.E.C.; 1800 a.E.C.; 1250 a.E.C.; 1000 a.E.C.; 587 a.E.C.; 538 a.E.C.; 333 a.E.C.; 198 a.E.C.; 63 a.E.C.; +06 a.E.C.; 34 E.C.; 70 E.C.; 96 E.C. ; 135 E.C.
  - *Personagens bíblicos:* Noé, Cananeus, Abraão, Rebeca, Raquel, Pi-Ramsés, Moisés, Josué, Filisteus, Juízes, Davi, Micol, Atália, Salomão, Amós, Profetisa Hulda, Josias, Nabucodonosor, Jeremias, Godolias, Esdras, Segundo Isaías, Alexandre Magno, Selêucidas, Pompeu, Herodes, o grande, Macabeus, Jesus Cristo, Estêvão, Bar Kochba, Ciro, César Augusto, Tito, Domiciano, Simão Bargiora. Verificar na cronologia da *Bíblia de Jerusalém*.

Descrição da dinâmica

Preparar um local adequado onde possa ser esticada a corda em forma de uma grande espiral. Fixar nela com antecedência as datas, mantendo o espaço necessário entre uma e outra, ao longo de toda a corda, começando do centro. Entregar aos participantes faixas com os nomes antes citados, para serem colocados no seu respectivo período.

Verificação

Avaliar, com os participantes, se o local onde foram colocados os nomes corresponde à sequência histórica. Fazer esta verificação de acordo com o Quadro Cronológico, que está no final da *Bíblia de Jerusalém*. Ou ainda, preparar com antecedência a indicação por meio de citações bíblicas.

Conclusão

Partilhar a experiência vivida.

Observação

Para facilitar o trabalho de quem coordena, segue a indicação de como deverá ficar a Linha do Tempo da história do povo de Israel.

Origens do mundo: Noé;

    3000 a.E.C.: Cananeus; Abraão; Rebeca;

    1500 a.E.C.: Meneptá, Moisés, Josué;

    1000 a.E.C.: Davi, Micol, Atália, Salomão, Amós, Profetisa Hulda, Josias, Sargon II;

    587 a.E.C.: Nabucodonosor, Jeremias, Godolias;

    538 a.E.C.: Segundo Isaías, Ciro;

    333 a.E.C.: Alexandre Magno;

    198 a.E.C.: Selêucidas, sumo sacerdote Simão, Macabeus;

    63 a.E.C.: Pompeu, Herodes, o Grande, Maria;

    6 a.E.C.: Jesus Cristo;

    34 E.C.: Estêvão, César Augusto;

    70 E.C.: Bar Kochba, Tito;

    96 E.C.: Domiciano;

    135 E.C.: Simão Bargiora.

4.5. Introdução ao tema – *O povo da Bíblia narra suas origens*

O povo da Bíblia narra suas origens fala da formação do povo de Israel. Na capa do livro destaca-se um escriba escrevendo num pergaminho, mostrando as condições de sua época. Quer retratar um pouco os estágios da evolução da escrita. Inicialmente, era por meio de pinturas, de desenhos nas cavernas, e posteriormente vieram as inscrições, até chegar à escrita. A redação da Bíblia passou pelo mesmo processo. Já na leitura desse volume, conheceremos o porquê do nome *Israel* e o seu significado.

Em paralelo com a história do povo da Bíblia, este livro apresenta, em linhas gerais, a formação do povo brasileiro, para estabelecer uma analogia e favorecer a compreensão da história da formação do povo da Bíblia. Dessa forma, torna-se evidente que a nossa história e a história de todos os povos são sagradas, porque sagrado é o ser humano criado à imagem e semelhança de Deus.

O povo da Bíblia permaneceu muitos anos na vivência da tradição oral, cerca de oitocentos anos até o início da escrita do Livro Sagrado, ainda de forma muito tímida, no período dos Juízes, quando foi escrito o Cântico de Débora. Depois, no tempo da monarquia unida, com Davi e Salomão, no Reino de Judá e Reino do Norte. Os textos proliferaram mesmo no exílio e pós-exílio, em que a maior parte dos escritos teve a sua finalização. É muito importante compreendermos a seguinte questão: o escrito bíblico retrata a visão que o povo teve de si mesmo, de sua história, e tudo foi escrito muito depois dos fatos terem sido vividos. É claro que eles se basearam em tradições orais, as quais foram registradas muitos séculos depois.

A maior preocupação desse povo não era a de registrar com exatidão os acontecimentos, mas o significado que estes tinham para ele. Tanto é que registra a história da humanidade *como se ela tivesse nascido de um casal humano* que povoou a terra, depois pecou ofendendo gravemente a Deus. E, a partir daí, a maldade humana teria se espalhado sobre a terra, a tal ponto que Deus teria se arrependido de tê-lo criado, e enviou o dilúvio para lavar a maldade sobre a face da terra. Ninguém se salvou do dilúvio, a não ser a família de Noé. Um dos três filhos de Noé, de nome Sem, teria dado origem ao povo da Bíblia, cujos ancestrais são Abraão, Isaac e Jacó: os patriarcas.

Esta é uma leitura linear, que os autores fazem da própria história. Na verdade este fascículo quer levar-nos a perceber que havia uma intenção do autor ao conduzir sua narrativa como se fosse uma história familiar. E tudo indica que não seja por aí, devido à grande extensão geográfica que teria sido povoada apenas por três gerações ao longo de seiscentos anos. Torna-se evidente que a sua preocupação não era contar como foi a história real, o que seria muito difícil de acontecer mais de mil anos depois, quando nasceu o interesse em registrá-la. Havia sim uma preocupação em ressaltar a unidade dos diversos povos, dispersos sob uma genealogia familiar, e garantir, nessa unidade, a primazia dos israelitas como povo eleito por Deus (Dt 26,4b-10). O interesse litúrgico e celebrativo está muito presente em todas as narrativas, e reaparece nos salmos (135), nos credos de fé do povo, como também na assembleia de Siquém (Js 24).

A partir dessa percepção, os estudiosos partiram de algumas hipóteses de como então teria surgido esse povo, se não foi na forma de uma genealogia familiar. A mais provável das hipóteses é que o povo da Bíblia se formou com grupos diferentes de pastores, de beduínos, dos fugitivos do Egito que vieram de fora e dos hapirus, que são os camponeses marginalizados das cidades-estados de Canaã. Esses são os principais, mas outros grupos teriam integrado a constituição do povo, além de outros menores, que foram assimilados.

A narrativa do sacrifício de Isaac é histórica?

Com o Iluminismo, quando a filosofia se libertou da tutela teológica, começou-se logo a sentir os efeitos da crítica bíblica, que questionava a leitura literal, o caráter real do fato, e colocou sobre uma nova base o problema do significado. Kant afirma: "Abraão devia ter respondido àquela pretensa voz divina: 'Que eu não devo matar o meu bom filho, é totalmente certo; mas que tu, que me apareces, sejas Deus, disso não estou seguro, nem poderia estar, mesmo que essa voz ressoasse do céu visível'". Na realidade, qual é a questão? Crise do princípio da inspiração literal ou a autoridade da revelação bíblica? Algo está muito claro entre o fato e o significado.

Não podemos tomar ao pé da letra esta narrativa, que em si é inaceitável e terrível. Não podemos nos prender ao fato, mas ao seu significado. Pois um deus capaz de ordenar a um pai o assassinato de seu filho querido, pequeno e inocente, invalidaria qualquer mensagem de graça, amor e salvação. Isso estaria em contradição com a essência divina: Deus é amor. Portanto, não se trata de um fato acontecido, mas de um "construto teológico". Ou seja, o que interessa é a lição religioso-moral: a obediência radical de Abraão, fundamentada em sua fé na absoluta soberania de Deus. Não há necessidade de que exista um fato real para a validade do significado. Sobretudo, hoje não podemos admitir esta narrativa como fato, porque corromperia a imagem de Deus e tornaria a ação de Abraão "imoral e irresponsável".[4]

4.6. Dinâmica de formação de grupos – Pés na caminhada

Motivação

Sentir o próprio corpo e dar-se conta dos seus movimentos, da importância dos pés como realização dos nossos desejos e anseios. Se os diferentes grupos que integraram as origens do povo da Bíblia não tivessem colocado os "pés na estrada", em direção ao outro, não teriam se unido e se tornado fortes, para fazerem resistência aos

---

[4] QUEIRUGA, André Torres. *Do terror de Isaac ao Abbá de Jesus*. São Paulo: Paulinas, 2001.

que os dominavam. E, no entanto, conseguiram formar tradições culturais e religiosas tão consistentes, que chegaram até nós, hoje.

Objetivo

- Tomar consciência do próprio corpo, de suas reais condições, com desejo de somar forças e construir a unidade na diversidade.
- Favorecer a integração e o contato corporal, quebrando barreiras na relação com outras pessoas e grupos humanos.

Material

- Aparelho de CD.
- CD de música instrumental para meditação.

Descrição da dinâmica

Tirar os sapatos e colocar-se em círculo, na sala. Imaginar-se com Moisés e o povo no deserto, caminhando sobre a areia e as pedras quentes, queimando a sola dos pés, enquanto caminha lentamente ao som da música.

O orientador convida os participantes a caminharem em silêncio:

- Vamos andar sobre a ponta dos pés. Queimou a ponta dos pés?
- Vamos andar sobre o lado de dentro dos pés. Queimou o lado de dentro dos pés?
- Vamos andar sobre o lado de fora dos pés. Queimou o lado de fora dos pés?
- Vamos caminhar sobre os calcanhares. Queimou os calcanhares?
- Encontramos um oásis que nos permite andar sobre a sola inteira dos pés.

- Voltar a andar normalmente, sentindo os próprios pés, formando gradativamente 4 grupos.

Conclusão

Encaminhar os subgrupos para as salas, tendo já recebido os temas dos estudos.

4.7. Dinâmica de estudo dos temas – Grupo de Verbalização e Grupo de Observação

Motivação

Todas as pessoas que participam do grupo têm capacidade de discorrer sobre um assunto e de expressar o que assimilaram, segundo a sua compreensão.

Objetivo

- Verificar conhecimentos adquiridos.
- Socializar os diferentes modos de compreender o mesmo conteúdo.
- Desenvolver a capacidade de escuta e interesse pela discussão.

Descrição da dinâmica

Preestabelecer o tema e o tempo para discussão.

Dispor em círculo o *Grupo de Verbalização* (GV) no centro e, ao seu redor, o *Grupo de Observação* (GO). Antes de iniciar a discussão, o GV escolhe o líder, para coordenar a discussão, e o relator, para fazer a síntese da discussão do grupo.

Grupo de Verbalização: O coordenador distribui uma tarefa para cada participante, conforme o que segue: abrir espaço para que todos participem; levantar dúvidas e questões; observar o tempo; tirar as conclusões; fazer a autoavaliação.

Grupo de Observação: Assiste atentamente à discussão, sem intervir. Poderá anotar as observações, dúvidas, que serão levantadas na plenária. Observa cada membro do GV. O coordenador distribui uma tarefa para cada participante, conforme o que segue: observar a participação de todos ou exclusão de alguém; observar o grau de interesse, reações, posturas e o tipo de liderança; observar se o grupo atingiu os objetivos; observar se respeitaram o tempo estabelecido; observar se houve conversas paralelas; observar se abordaram os pontos mais importantes; observar se fizeram a autoavaliação.

Tempo: 10' para o GV.

3' para o relator apresentar a conclusão.

3' para ao grupo fazer a autocrítica.

5' para as contribuições do GO.

Sucessivamente seguem os outros três Grupos de Verbalização e Observação.

- Grupo de Verbalização 1 e Grupo de Observação 2.
- Grupo de Verbalização 2 e Grupo de Observação 3.
- Grupo de Verbalização 3 e Grupo de Observação 4.
- Grupo de Verbalização 4 e Grupo de Observação 1.

Conclusão

Partilhar a experiência vivida pelos membros de diferentes grupos.

4.8. Dinâmica de integração e identidade – Ninguém avança sozinho

Motivação

Chamar a pessoa pelo nome indica respeito e reconhecimento de sua individualidade. A maioria das pessoas gosta de ser chamada pelo nome. Às vezes, levam o maior susto, quando chegam a um ambiente novo e alguém as reconhece pelo nome. Isso passa segurança, familiaridade: "Não estou só, alguém me conhece". Não é mesmo?

Objetivo

- Recordar e gravar o nome das pessoas com a característica que cada uma se deu, e que a identifique.

Descrição da dinâmica

1º Momento

Os participantes, com o seu crachá, circulam pela sala durante uns 5 minutos. Enquanto observam o nome dos colegas, vão repetindo a qualidade positiva que se atribuíram. O coordenador, após 5 minutos, chama em voz alta, pelo nome com a respectiva qualidade, um dos participantes. Este segura-se à cintura da pessoa identificada, que, por sua vez, chama outro participante do grupo, e assim sucessivamente, até formar a locomotiva com todos os participantes. Com a locomotiva em movimento, o coordenador proclama a poesia "Trem de ferro", de Manuel Bandeira.

TREM DE FERRO[5]

Café com pão

Café com pão

Café com pão

Virgem Maria!

Que foi isto, maquinista?

---

[5] BANDEIRA, Manuel. *Trem de ferro*. Disponível em: <http://www.revista.agulha.nom.br/manuelbandeira04.html>. Acesso em: 13/07/2010.

Agora sim
Café com pão
Agora sim
Voa, fumaça
Corre, cerca
Ai seu foguista
Bota fogo
Na fornalha
Que eu preciso
Muita força
Muita força
Muita força
Oô...
Foge, bicho
Foge, povo
Passa ponte
Passa poste
Passa pasto
Passa boi
Passa boiada
Passa galho
De ingazeira
Debruçada
No riacho
Que vontade
De cantar!
Oô...

Quando me prendero
No canaviá
Cada pé de cana
Era um oficiá
Oô...
Menina bonita
Do vestido verde
Me dá tua boca
Pra matar minha sede
Oô...
Vou mimbora
vou mimbora
Não gosto daqui
Nasci no sertão
Sou de Ouricuri
Oô...

Vou depressa
Vou correndo
Vou na toda
Que só levo
Pouca gente
Pouca gente
Pouca gente...

2º Momento

A locomotiva se transformará em um grande círculo, e cada participante se identifica, dizendo o nome da paróquia, da atividade pastoral ou do voluntariado que realiza.

3º Momento

Formar os grupos e partilhar sobre o seu engajamento.

Conclusão

Partilhar a experiência vivida.

4.9. Filme: *Narradores de Javé*[6]

Na história da formação do povo da Bíblia, encontramos diferentes hipóteses e leituras na sua reconstrução. Essa reconstrução acontece de modo especial em situação de ameaça à própria identidade. O mesmo ocorre ainda hoje: no filme citado, a comunidade do Vale de Javé, quando se vê ameaçada pela construção de uma hidroelétrica, une-se para reconstruir a sua história, feita de testemunhos orais, em que cada um tenta contribuir a partir de sua ótica. Este enfoque ajuda a compreender o longo período das tradições orais na história da formação do povo de Israel, que, quando são colocadas por escrito, são levadas em conta pelos seus autores. O que é valor para o povo e o que é valor para os "grandes"?

4.10. Exercício de síntese – *O povo da Bíblia narra suas origens*

(As questões são respondidas individualmente.)

1. O nome Israel tem origem em duas narrativas bíblicas do livro de Gênesis. Citar a narrativa bíblica e o significado do nome Israel.

---

[6] *NARRADORES de Javé*. Direção: Eliane Café. Manaus-AM: Videolar, 2003. 1 DVD (102 min aprox.), "son", "color". Idioma falado: português. Legendado: inglês, português e francês.

2. Na história do povo da Bíblia, em qual contexto histórico surgiu a preocupação de dar uma unidade às narrativas sobre a sua origem? Esta iniciativa nasceu de qual grupo?

3. O povo da Bíblia não estava preocupado com a exatidão dos fatos, nem por isso eles deixam de ser verdadeiros. Descrever o que você entende por exato e por verdadeiro.

4. Há muitas hipóteses sobre a formação do povo de Israel. Qual é o grupo que nasceu em Canaã e quais são os grupos principais que vieram de fora?

5. As cartas dos reis das cidades-estados de Canaã, dirigidas ao Faraó do Egito, que morava em Tell-El-Amarna, mostram um pouco a situação da região. Eles se queixam de um grupo que chamam de Hapiru. Descrever as características desse grupo.

6. O livro de Josué 1–19 fala das conquistas e da ocupação da terra de Canaã; Js 23–24 relata o último discurso de Josué e a Assembleia de Siquém; Dt 31–36 cita os últimos atos e a morte de Moisés. Qual o conteúdo de Ex 19–24 e 32–34? Descreva-o em duas frases-sínteses.

7. A Bíblia apresenta a história do povo por meio de uma história familiar, a de Abraão. Na verdade, é impossível que Abraão, Isaac e Jacó tenham vivido sucessivamente seiscentos anos e ocupado todo o território da Ásia. Qual é, então, a finalidade pela qual a Bíblia apresenta a história do povo de forma genealógica?

8. Escreva sinteticamente o que você achou mais importante na leitura da Introdução à Bíblia de Jerusalém, ou seja, tudo o que vem antes de Gênesis 1,1 e após o Apocalipse 22,21.

9. A Bíblia nos apresenta a saída do povo do Egito, ora como permissão, ora como licença, ora como fuga. O que a Bíblia quis dizer ao atribuir ao grupo de Moisés a saída como permissão do faraó?

10. O que significa o nome Javé e quais são suas características?

4.11. Olhar retrospectivo

(As questões são respondidas individualmente.)

1. Qual foi a sua predisposição ao vir para o curso do SAB hoje?
2. Qual é o seu parecer sobre o livro: *O povo da Bíblia narra suas origens*?
3. Em relação ao grupo sinto-me...
4. Que significado teve para você estudar a formação do povo da Bíblia e refletir sobre as raízes da sua história?
5. Palavra aberta...

4.12. Momento celebrativo

1º Momento: Os antepassados vivem em nós – Partilha da experiência pessoal

Preparar o ambiente com motivos indígenas, europeus e africanos.

Motivação

Neste mês, estudamos a formação do povo da Bíblia. Para introduzir a história desse povo, tivemos uma introdução à formação do povo brasileiro, do qual fazemos parte. Assim como na origem do povo da Bíblia estão 4 grupos: pastores, beduínos de Seir, fugitivos do Egito, os camponeses oprimidos de Canaã, na origem do nosso povo estão: os índios, europeus e africanos. Em nossos corpos carregamos traços e tradições culturais e religiosas do índio, do negro e do branco. Cada um, neste momento, é convidado a pensar numa experiência que o marcou, pelo fato de carregar um traço de origem de uma das três raças: índio, branco e negro.

Canto: "Baião das comunidades".[7]

---

[7] VICENTE, José. Baião das comunidades. CD: *Essa chama não se apaga*. São Paulo: Paulinas/Comep, 2010. Faixa 4.

(Fundo musical que favoreça a reflexão individual.)

Quem desejar, pode partilhar de forma sucinta a sua experiência. Depois de cada partilha, cantaremos:

Refrão: Deus vos salve, ó Deus (bis) / Deus salve as pessoas...[8]

2º Momento: Em nome do mesmo Deus – Partilha de experiência como povo

Motivação

Partimos de nossa experiência pessoal, sendo descendentes de uma das três raças. Neste momento, pensemos um pouco em nossa experiência como povo brasileiro, oriundo das três raças, desde as origens de nossa história, dos primeiros habitantes do nosso país. Ouçamos uma gravação sobre a experiência dos índios guaranis, da região dos sete povos das missões do Rio Grande do Sul-RS, ou um documentário da TV sobre os índios da Amazônia.

DVD: Documentário – *O povo indígena brasileiro.*[9]

Canto: "Por uma terra sem males...".[10]

Texto bíblico: Ex 1,8-22 – Opressão dos israelitas.

Canto: "Em nome de Deus".[11]

3º Momento: Um só louvor em muitos tons – Rezar a realidade que partilhamos

Motivação

Neste momento, somos convidados a rezar a nossa realidade, motivados pela partilha individual e como povo, pelos textos que

---

[8] CNBB. Deus vos salve, Deus! *Ofício Divino das Comunidades II* – Livro de Partituras, cit.

[9] Documentário: *O povo indígena brasileiro.* Produção: TV Escola. Apresenta temas diversos sobre os povos indígenas, como: Quem são; Nossas línguas; Boa viagem, ibantu; Quando Deus visita a aldeia; Uma outra história; Primeiros contatos; Nossas terras; Filhos da terra; Do outro lado do céu; Nossos direitos. Ou outro documentário à escolha.

[10] CNBB. Por uma terra sem males. CD: *Campanha da Fraternidade* – Memória histórica: 1970-2002. São Paulo: Paulinas/Comep, 2003. Faixa 26.

[11] NASCIMENTO, Milton. Em nome de Deus. CD: *Missa dos Quilombos.* São Paulo: Universal Music, 2000. Faixa 3.

ouvimos e pela escritura que lemos, ou também pelos símbolos a nossa frente. Nossa oração pode ser de súplica, pedido de perdão, louvor, gratidão... do modo como o sentirmos.

Canto final: "Canto das três raças".[12]

Invoquemos a bênção do Senhor sobre nós

O Senhor nos abençoe e nos conceda a firmeza do salmista: "O que nós ouvimos e conhecemos, o que nos contaram os nossos pais, não o esconderemos a nossos filhos, nós o contaremos à geração seguinte: os louvores do Senhor, o seu poder e as maravilhas que ele realizou" (Sl 78,3-4).

O Senhor abençoe cada um que participou e colaborou neste encontro com sua partilha e seu serviço, para o crescimento de todos nós.

Invoquemos sobre nós e sobre cada ser humano a bênção de Deus: "O Senhor te abençoe e te guarde! O Senhor faça resplandecer o seu rosto sobre ti e te seja benigno! O Senhor mostre para ti a sua face e te conceda a paz!" (Nm 6,24-26).

Bendigamos ao Senhor! Graças a Deus!

---

[12] NUNES, Clara. Canto das três raças. CD: *Clara Nunes: sempre*. São Paulo: Som Livre, 2008. Faixa 9.

5º encontro

As famílias se organizam em busca da sobrevivência

5.1. Preparação do encontro

Leituras indispensáveis

Ler: *As famílias se organizam em busca da sobrevivência* (VG 4).

Ler: *Escritos do período tribal*: Cântico de Débora: Juízes 5; Mandamentos: Êxodo 20,1-21; Código da Aliança: Êxodo 20,22–23,9; Salmos: 19,2-7; 29; 68; 82; 104; 136.

Textos e indicação de cantos

Exercício de síntese; CDs com a indicação dos cantos; orações ao Espírito Santo; olhar retrospectivo.

Recursos pedagógicos

Linha do Tempo, reproduzida em pano ou papel, conforme a indicação do mapa n. 42, no livro: *Caminhamos na história de Deus* (VG 15); fichas em 4 cores, conforme o número de participantes; texto da dinâmica "busca ao tesouro"; cesta de vime; canetas hidrocor; cartolina branca; DVD: *A missão*.

5.2. Sugestão de programa –
As famílias se organizam em busca da sobrevivência

08:00 – Leitura Orante: "Deus reaviva a Palavra em nós"

09:00 – Introdução às Tribos de Israel

09:45 – Intervalo

10:00 – Dinâmica de formação de grupos: "Somos únicos, mas não isolados"

10:15 – Dinâmica de estudo dos temas: "Tribos de Israel"

1ª etapa – estudo

11:00 – 2ª etapa – socialização

11:30 – Plenário

12:00 – Almoço

13:00 – Dinâmica de integração: "Irmãos e irmãs se assemelham"

13:45 – DVD: *A missão* – 124 min

16:00 – Intervalo

16:15 – Momento celebrativo: "Tudo se torna oração"

17:30 – Olhar retrospectivo

18:00 – Conclusão do encontro

5.3. Leitura Orante – Deus reaviva a Palavra em nós

Motivação

Hoje vamos estudar o período tribal: *As famílias se organizam em busca da sobrevivência*. Nada melhor do que interiorizar esta experiência por meio da Leitura Orante de Josué 1,1-9, que nos introduz nesta temática. O texto que vamos rezar é o início do livro de Josué, que faz parte da Tradição Deuteronomista (do grego: *Deutero* = segundo; *nomos* = lei), ou seja, segunda lei. Por que segunda lei? Porque a primeira lei está no livro do Êxodo, que são as 10 Palavras, ou seja, os Dez Mandamentos. E a segunda lei está no livro do Deuteronômio, que traz as 10 Palavras, ou Dez Mandamentos, já numa releitura. Há todo um bloco de livros que traz as características do Deuteronômio, cuja tradição passou a se chamar Tradição Deuteronomista, o qual é formado pelos livros: Deuteronômio, Josué, Juízes, 1-2 Samuel e 1-2 Reis. O texto que vamos rezar agora é do livro de Josué, que teve sua redação final no pós-exílio.

Recordando os passos da Leitura Orante

Leitura: O que o texto diz? Depois da leitura do texto, pode-se repetir a palavra ou frase que mais chamou sua atenção. Não importa se é a mesma que alguém já falou.

Meditação: O que o texto diz para mim? Aqui, pode-se partilhar por que a palavra ou frase, falada em voz alta ou não, chamou sua atenção.

Contemplação: O que a palavra me levou a experimentar? É o momento de reviver, na experiência retratada na palavra, a minha experiência, percebendo as moções do Espírito.

Oração: O que o texto me leva a falar com Deus? Falar com Deus em primeira pessoa sobre o que esta palavra suscitou em mim.

Ação: O que a palavra me pede para viver? Escolhe-se um gesto concreto para viver até a próxima Leitura Orante.

Texto: Js 1,1-9 – Travessia do Rio Jordão.

Oração: Oração ao Espírito Santo.

Vinde Espírito Santo, enchei os corações de vossos fiéis e acendei neles o fogo de vosso amor. Enviai o vosso Espírito e tudo será criado e renovareis a face da terra.

Oremos: Ó Deus, que instruístes os corações de vossos fiéis com a luz do Espírito Santo, fazei que apreciemos retamente todas as coisas segundo o mesmo Espírito, e gozemos sempre de sua consolação. Por Cristo, Senhor nosso. Amém!

Ou

Ó Espírito Santo, dai-nos um coração grande, aberto à vossa silenciosa e forte palavra inspiradora, fechado a todas as ambições mesquinhas, alheio a qualquer desprezível competição humana, compenetrado do sentido da Santa Igreja. Um coração grande, desejoso de se tornar semelhante ao coração do Senhor Jesus! Um coração grande e forte, para superar todas as provações, todo tédio, todo cansaço, toda desilusão, toda ofensa! Um coração grande e forte, constante até o sacrifício quando for necessário! Um coração cuja felicidade é palpitar com o coração de Cristo e cumprir humilde, fiel e corajosamente a vontade do Pai. Amém. (Paulo VI)

Ou

Espírito Santo. Sois o amor personificado. Meu amor não é como o vosso. Curai minhas resistências, os silêncios penosos, o olhar carregado, as lembranças ressentidas. Curai em mim o que é rígido, raciocínio, falta de gratuidade, preguiça espiritual e apostólica, indiferença que não faz desejar o bem para os outros, e sim procurar os próprios interesses. Vós sois a "memória de Jesus". Fortalecei minha fé nele, a fim de que eu aprenda a segui-lo em tudo e a viver o Evangelho. Purificai-me, vós que sois fogo que consome, água viva, unção íntima, brasa suave. Transformai-me e tornai-me semelhante a Jesus, para que eu testemunhe e anuncie somente a ele... Fazei de mim uma morada adornada para o Pai, para Jesus e para vós.

Refrão: Deus vos salve, ó Deus / Deus vos salve, ó Deus! Deus salve as pessoas, onde mora Deus... vos salve, ó Deus![1]

Canto: "As sementes que me destes".[2]

5.4. Introdução ao período tribal –
As famílias se organizam em busca da sobrevivência

O livro *As famílias se organizam em busca de sobrevivência* ajuda-nos a refletir sobre o período tribal. A capa do livro retrata um pouco a mobilidade dessas famílias, que perseguiam melhores con-

---

[1] CNBB. Deus vos salve, ó Deus! *Ofício Divino das Comunidades II*; livro de partituras, cit.
[2] PEQUENOS Cantores de Apucarana. As sementes que me destes. CD: *Mestre, onde moras?* A vida ressurgiu, cit.

dições de vida. Era mais a condição social que as unia na busca pela sobrevivência do que os laços de sangue, como nos apresenta a Bíblia.

Os autores da Bíblia colocam a formação das tribos como se fossem os 12 filhos de Jacó, filho de Isaac e neto de Abraão. Na leitura atenta do texto de Gênesis, Efraim e Manasses são netos de Jacó, segundo a tradição bíblica, e não filhos. Algumas regiões eram conhecidas pelos nomes que foram atribuídos aos moradores que lá chegaram; outras levaram o nome do primeiro morador que chegou à região; outras ainda ganharam o nome da divindade adorada pelos habitantes da região. Não foi diferente, como é costume ainda hoje, com os nomes dados às cidades e aos povoados.

O limite geográfico que cada grupo ocupou, sem dúvida, obedeceu à própria configuração geográfica: um rio, uma montanha, um precipício... A forma com que o autor bíblico descreve a distribuição da terra, no livro de Josué, é pormenorizada, bonita e muito harmoniosa. O que, na verdade, não deve corresponder à verdade dos fatos. A luta pela terra existe desde que há a humanidade, e ela não é pacífica, como não o é ainda hoje.

O terceiro tema do livro trata da liderança das tribos. De algumas temos maiores informações; de outras, quase nada. Segundo os textos bíblicos, exerciam uma forma democrática, participativa. O que não acontecia no governo das cidades-estados e dos reinos circunvizinhos. Como último tema do período tribal, temos os escritos bíblicos da época: "Deus transforma as lutas do povo em Palavra de vida".

5.5. Dinâmica de formação de grupos – Somos únicos, mas não isolados

Motivação

Cada grupo humano tem as suas características e suas preferências, que o identificam de certo modo. O mesmo acontece individualmente. Cada pessoa do mesmo grupo recebe influências que a caracteriza numa sociedade. Mesmo assim, ninguém pode perder a sua individualidade. É por isso que, neste momento, podemos, até certo ponto, escolher a cor de nossa preferência.

Objetivo
- Formar subgrupos de estudo.
- Possibilitar aos participantes escolher a sua cor preferida, se possível.

Material
- Fichas de quatro cores diferentes.
- Cesta de vime.

Descrição da dinâmica
Distribuir na cesta de vime as fichas coloridas, uma para cada participante, formando 4 subgrupos de acordo com as cores escolhidas.

Conclusão
Encaminhar os grupos para o local de estudo.

5.6. Dinâmica de estudo dos temas – Tribos de Israel

Motivação
Todas as pessoas têm capacidade de colaborar na construção do saber. Por exemplo, na composição da Bíblia contribuíram também as pessoas que não sabiam ler nem escrever, e ajudaram com a transmissão oral das histórias e dos testemunhos que receberam de seus antepassados e os passaram aos filhos e netos. Do mesmo modo, podemos conhecer alguma coisa e, somada ao conhecimento dos demais membros do grupo, é possível formar o saber partilhado sobre determinado conteúdo.

Objetivos
- Organizar, de forma sequencial, os pontos centrais de um determinado conteúdo.
- Integrar os diferentes modos de compreender certo tema.
- Capacitar todos os membros do grupo a se tornarem multiplicadores desse conteúdo.

Material
- Fichas coloridas em 4 cores diferentes para a formação dos 4 subgrupos.
- Lápis ou caneta para as anotações pessoais.

Descrição da dinâmica

Os participantes são subdivididos em 4 subgrupos, conforme as cores das fichas, para o estudo dos respectivos temas da VG 4. Após vinte minutos de revisão dos conteúdos, formam-se novos grupos com dois participantes de cada grupo anterior. Neste segundo grupo, cada dupla vai socializar o estudo feito no primeiro grupo. Terminadas as socializações dos 4 temas, o grupo vai elaborar uma síntese de todo o conteúdo da VG 4, numa única frase, para ser apresentada na plenária.

Conclusão

O que descobrimos?

5.7. Dinâmica de integração – Irmãos e irmãs se assemelham

Motivação

Os pontos em comum muitas vezes levam as pessoas a estabelecer contatos, relacionamentos e fazem nascer a amizade e a integração. Na experiência do povo de Israel, não foi diferente entre os diversos grupos que estão na sua origem. Era a mesma situação de vida sofrida, mas na fé do Deus da Vida, que os uniu na busca pela sobrevivência.

Objetivo
- Criar laços a partir de pontos comuns.
- Dar-se conta de cada pessoa no processo de integração grupal, identificando o nome, características e habilidades.

Material
- Folhas com a orientação da atividade.
- Lápis ou caneta.

Tempo
50 minutos.

Descrição da dinâmica
Distribuir a folha com a caneta ou lápis para cada participante. Pedir a eles que encontrem um nome correspondente de colegas para cada item, sem repeti-lo. Circular livremente pelo espaço, entrevistando os colegas e registrando o nome no espaço ao lado.

Questões:

Alguém que tenha um nome bíblico:

Alguém que goste de ler:

Alguém que tenha a mesma cor da sua pele:

Alguém que goste da mesma cor que você:

Alguém que tenha a mão do tamanho da sua:

Alguém que já tenha feito um curso de Bíblia:

Alguém que calce o mesmo número de sapato que o seu:

Alguém que pratique o voluntariado:

Alguém que tenha o mesmo número de filhos que você:
Alguém que goste do mesmo salmo da Bíblia:
Alguém que pese tantos quilos quanto você:
Alguém que tenha a mesma cor dos seus olhos:
Alguém que vista blusa ou camisa com a mesma cor da sua:
Alguém que saiba cantar o Salmo 139:
Alguém que tenha lido toda a Bíblia:
Alguém que goste de fazer uma parada para retiro, oração:

Conclusão
Partilhar a experiência vivida.

5.8. Filme: *A missão*[3]

O período tribal é marcado por uma organização social democrática e descentralizada. Esse modo de organizar o povo constituía uma ameaça aos reis das cidades-estados e aos faraós do Egito. Do mesmo modo, as tentativas de organização e vida comum das tribos indígenas e africanas representavam igualmente uma ameaça e eram uma forma de resistir ao sistema escravista de governo, no Brasil Colônia. O filme *A missão* retrata a resistência indígena à dominação da Espanha e de Portugal, sobre os Sete Povos das Missões. Outros filmes, como *Canudos*, *Quilombo dos Palmares*, poderiam também servir para retratar a mesma experiência de dominação, de um lado, e de resistência, de outro. Quais os conflitos de interesse revelados neste filme?

---

[3] *A MISSÃO*. Direção: Robert de Niro e Jeremy Irons. Manaus-AM: Videolar. 1 DVD (124 min), son., color., dublado em português; legenda em português, espanhol, inglês.

5.9. Exercício de síntese –
As famílias se organizam em busca da sobrevivência

(As questões são respondidas individualmente.)

1. O povo da Bíblia formou-se aos poucos como povo. Teve início com grupos de famílias que se uniam em clãs e depois em tribos. Quais são os motivos dessa organização grupal/social?

2. No Brasil, os grupos étnicos também criaram sua organização social. Os índios, ajudados pelos jesuítas, foram organizados em Aldeamentos. Os negros encontraram o seu jeito, na forma de Quilombos. Ambas as maneiras tinham um objetivo preciso: resistir à dominação do colonizador. Qual é a importância do Quilombo dos Palmares para nós, hoje?

3. No séc. 13 a.E.C., a região de Canaã era formada por cidades-estados e, ao seu redor, ficavam as aldeias, que produziam o sustento para os moradores dessas cidades. Tomamos conhecimento dessa realidade por meio das cartas dirigidas ao Faraó do Egito, que dominava sobre a região nessa época. No contexto atual, existem ainda cidades-estados e aldeias? Explique.

4. O relato sobre Jacó e Esaú, em Gn 25,19-34, é apresentado como se fosse uma história familiar, mas na realidade reflete um conflito entre dois grupos sociais ou duas sociedades. Explique.

5. A Bíblia nos apresenta as 12 tribos de Israel, como se fossem descendentes de 12 filhos de Jacó. Por este estudo, vimos que a história não foi bem assim. Essas tribos migraram para lugares diferentes de Canaã, em épocas distintas, recebendo nomes conforme as regiões que ocuparam, ou de seus ancestrais. Transcreva: Js 20,7.

6. No livro de Juízes, os capítulos 1 e 2 apresentam uma versão diferente do livro de Josué sobre a ocupação da terra de Canaã. No livro de Josué, a ocupação é militar e de uma vez. No entan-

to, Juízes chegam a afirmar que os israelitas não conseguiram ocupar a terra de Canaã, porque era habitada pelos cananeus (Jz 1,27-36). O que você conclui dessa constatação?

7. Juízes 5 apresenta o cântico de Débora e de Barac, pela vitória que obtiveram na batalha contra os inimigos. Na relação das tribos que combateram, faltaram duas tribos do Sul. Quais são e por que teriam faltado?

8. Descreva como eram a sociedade e a religião no sistema dos faraós e reis de Canaã e no sistema tribal.

9. Os Dez Mandamentos são também conhecidos com o nome de Decálogo ou as Dez Palavras. Qual é a sua importância para Israel e para nós, hoje?

10. Quais são os prováveis escritos que surgiram no período tribal? Qual o assunto principal deles?

5.10. Olhar retrospectivo

(As questões são respondidas individualmente.)

1. Na Leitura Orante...
2. A maior força que me leva a prosseguir...
3. Sinto insegurança quando...
4. Hoje levo daqui...
5. Palavra aberta...

5.11. Momento celebrativo – Tudo se torna oração

Motivação

Já percorremos um caminho, mesmo que estejamos ainda no início de nossa caminhada. Hoje refletimos sobre as tribos de Israel, o jeito como elas foram se organizando sob o ponto de vista político, social, religioso. Pouco a pouco as tradições religiosas desses grupos foram se socializando e solidificando entre eles, unindo-os numa confederação.

Breve partilha espontânea sobre a experiência vivida

Entre uma partilha e outra, cantar o refrão: "Indo e vindo, trevas e luz, tudo é graça, Deus nos conduz!"[4] ou "Deixa a luz do céu entrar, abre bem as portas do teu coração e deixa a luz do céu entrar!".[5]

(Pausa para as partilhas.)

Canto: "O povo de Deus".[6]

Motivação

Como as tribos de Israel, já vencemos diversos obstáculos pessoais: o medo de não dar conta das obrigações; o tempo escasso para o estudo; a entrega de minha caminhada nas mãos de Deus, a confiança nele; a não consciência de ser parte deste povo para a consciência de ser este povo de Deus, aqui e agora. Superamos também os obstáculos que aconteceram na caminhada grupal: passamos do medo de não ser aceitos como somos para a confiança recíproca; achar que sabíamos mais ou menos do que os outros; sentir-nos aquém dos colegas para a consciência de que o caminho se faz caminhando. Pois todo início de caminhada carrega grande expectativa e traz um misto de alegria, de medo, de vontade de aprender, de inseguranças, mas, ao mesmo tempo, de vencer os "faraós" da vida. Não foi diferente a experiência do povo da Bíblia.

Canto: "Deixa o rio correr".[7]

---

[4] CNBB. Indo e vindo. CD: *Ofício Divino das Comunidades – 9*; refrões meditativos, cit.

[5] VV.AA. Deixa a luz do céu entrar. CD: *Louvemos o Senhor 1 e 2*. São Paulo: Paulinas/Comep, 1999. Faixa 14.

[6] VV.AA. O povo de Deus. CD: *Canções para orar – 2*, cit.

[7] OLIVEIRA, José Fernandes de (Pe. Zezinho, scj). Deixa o rio correr. CD: *Canções em fé maior*, cit.

Comentarista

Vamos ouvir com atenção a narrativa do Livro de Josué, sobre a aliança de Siquém.

Leitura: Js 24,1-28 – Assembleia de Siquém.

Refrão: Tua Palavra é! Luz do meu caminho. Luz do meu caminho, meu Deus! Tua Palavra é![8]

Motivação

Abrimos neste momento o espaço para fazermos a nossa oração a Deus. Ela pode expressar os nossos sentimentos de alegria, de gratidão, de apreensão, de louvor, de agradecimento... Vamos transformar numa oração aquilo que sentimos e falar com Deus diante da comunidade, em primeira pessoa do singular ou plural.

Canto: "Pão em todas as mesas".[9]

Invoquemos a bênção do Senhor sobre nós

O Senhor nos abençoe e "nos conceda servi-lo na perfeição e na fidelidade", lançando fora os ídolos, muitas vezes, construídos sobre: o medo de fracassar, as mil ocupações sem priorizar nada; o comodismo de me abrir ao novo; a dispersão. Antes, concede-nos, Senhor, tomar a decisão de Josué: "Quanto a mim e à minha casa, serviremos ao Senhor" (cf. Js 14–15).

O Senhor abençoe cada um que participou e colaborou neste encontro com sua partilha e seu serviço, para o crescimento de todos nós.

Invoquemos sobre nós e sobre cada ser humano a bênção de Deus: "O Senhor te abençoe e te guarde! O Senhor faça resplandecer o seu rosto sobre ti e te seja benigno! O Senhor mostre para ti a sua face e te conceda a paz!" (Nm 6,24-26).

---

[8] VICENTE, José. Tua palavra é. CD: *Coletânea*, cit. Faixa 2.
[9] Id. Pão em todas as mesas. CD: *Festa dos pequenos*, cit. Faixa 13.

Bendigamos ao Senhor! Graças a Deus!

Conclusão

Confraternização com o pão ázimo, com suco de uva... e o abraço da partilha.

6º encontro

O alto preço da prosperidade

6.1. Preparação do encontro

Leituras indispensáveis

Ler: *O alto preço da prosperidade* (VG 5).

Ler: *Escritos do período da monarquia unida*: Jó 1,2-13; 42, 7-17; Tradição Javista; História da Sucessão de Davi em 2 Samuel 9–20; 1 Reis 12; Primeiros Provérbios: 22,17–24,34; Salmos: 2; 15; 24; 51–110; 121–134.

Textos e indicação de cantos

Exercício de síntese; CDs com a indicação dos cantos; olhar retrospectivo.

Recursos pedagógicos

Linha do Tempo, reproduzida em pano ou papel, conforme a indicação do mapa n. 42, no livro: *Caminhamos na história de Deus* (VG 15); faixas com os 4 temas do livro: *O alto preço da prosperidade* (VG 5); pincéis atômicos grandes; fita crepe; papel ofício; cartolinas brancas para síntese; DVD: *O violinista sobre o telhado* – Parte 1.

6.2. Sugestão de programa – *O alto preço da prosperidade*

08:00 – Leitura Orante: "Tu és este homem"

08:50 – Introdução ao tema: Monarquia unida

10:00 – Intervalo

10:15 – Dinâmica da formação de grupos: "Uma opção é um passo ao encontro de Deus"

10:30 – Dinâmica de estudo dos temas: "Caminho compartilhado"

11:30 – Plenária

12:00 – Almoço

13:00 – Dinâmica de integração: "Somos fraternais e únicos"

13:45 – DVD: *O violinista no telhado* – Parte 1 (85 min)

15:45 – Intervalo

16:00 – Exercício de síntese

16:45 – Momento celebrativo: "Só a justiça humaniza o poder"

17:45 – Olhar retrospectivo

18:00 – Conclusão do encontro

6.3. Leitura Orante – "Tu és este homem"

Motivação

O texto para a Leitura Orante de hoje nos introduz ao tema da realeza em Israel. Samuel, considerado último juiz, teve a missão de acolher o pedido do seu povo e ungir o primeiro rei de Israel. Essa experiência é retratada no texto do Primeiro Livro de Samuel. Contudo, a passagem do período tribal para o da monarquia não foi fácil, mas importante para a história política e religiosa do povo de Israel. Pois esta deveria respeitar os direitos de Deus sobre o povo. O texto que vamos rezar em nossa Leitura Orante é o de 2Sm 12,1-10, que fala da fraqueza e infidelidade de Davi. Ele mesmo não se deu conta do próprio pecado e precisou da consciência crítica do profeta Natã para reconhecê-lo e tomar o caminho de volta a Deus.

Recordando os passos da Leitura Orante

Leitura: O que o texto diz? Depois da leitura do texto, pode-se repetir a palavra ou frase que mais chamou sua atenção. Não importa se é a mesma que alguém já falou.

Meditação: O que o texto diz para mim? Aqui se pode partilhar por que a palavra ou frase, falada em voz alta ou não, chamou sua atenção.

Contemplação: O que a palavra me levou a experimentar? É o momento de reviver, na experiência retratada na palavra, a minha experiência, percebendo as moções do Espírito.

Oração: O que o texto me leva a falar com Deus? Falar com Deus em primeira pessoa sobre o que esta palavra suscitou em mim.

Ação: O que a palavra me pede para viver? Escolhe-se um gesto concreto para viver até a próxima Leitura Orante.

Texto: 2Sm 12,1-10 – "Tu és este homem".

Oração: ao Espírito Santo ou o refrão:
A nós descei, divina luz / (bis)
Em nossas almas ascendei: /
O amor, o amor de Jesus. (bis)[1]

Canto: "Buscai primeiro o Reino de Deus / e a sua justiça./
E tudo o mais vos será acrescentado./ Aleluia, aleluia".[2]

Canto: "Podres poderes".[3]

Oração: Que o Senhor nos abençoe e nos conceda o dom da humildade, para acolhermos, como o rei Davi, os profetas e as profetisas que convivem conosco hoje e para reorientar a nossa vida a Deus. Bendigamos ao Senhor! Graças a Deus.

---

[1] VVAA. A nós descei, divina luz. CD: *Liturgia XV* – Ano C. São Paulo: Paulus, 2005. Faixa 15.

[2] CNBB. Buscai primeiro. *Ofício Divino das Comunidades II*; livro de partituras, cit., p. 279.

[3] VELOSO, Caetano. Podres poderes. CD: *Caetano Veloso*. São Paulo: Universal Music, 1999. Faixa 7. (Coleção Millennium.)

6.4. Introdução à monarquia unida – *O alto preço da prosperidade*

O alto preço da prosperidade retrata a experiência inicial da monarquia sobre algumas tribos comandadas por Saul. Davi ampliou e organizou o Estado e Salomão o internacionalizou. A capa mostra as consequências de um poder que foi tão opressor quanto o dos povos vizinhos. Tanto é que, após a morte de Salomão, o reino se dividiu em dois: ao Norte, o Reino de Israel, e ao Sul, o Reino de Judá.

Este livro faz uma leitura atenta dos textos bíblicos que se referem a Saul, Davi e Salomão, evidenciando para o leitor como normalmente fazemos leituras parciais desses textos, e por isso não nos damos conta das diferentes tradições e de como são fundidas como se fossem uma única. Revela também como a nossa leitura é ingênua, por exemplo, em relação a Salomão, que é tido como rei sábio. E como conciliar esta sabedoria toda com a opressão que exerceu sobre o povo, sobrecarregando-o de impostos?

Contemporaneamente aos reis surge o movimento profético, que é a consciência crítica da monarquia. Natã, Gad, Aías de Silo são profetas que aparecem no tempo de Davi e que não deixaram por escrito sua pregação, nem mesmo Elias e Eliseu, que faziam parte do Reino do Norte. Muitos, tanto do Reino do Norte quanto do Reino do Sul, nos legaram a sua pregação por meio de escritos. Surge neste período a Tradição Javista. Nela, predominam os assuntos sobre a criação do mundo, da humanidade e de Israel, os patriarcas, êxodo, caminhada pelo deserto, e termina com a morte de Moisés. A linguagem é muito concreta, vivaz e imaginativa. Deus é apresentado de maneira muito familiar, próximo, e aparece com formas humanas (Gn 2–3).

6.5. Dinâmica de formação de grupos – Uma opção é um passo ao encontro de Deus

Motivação

Cada pessoa livremente faz suas escolhas. Ao fazê-las, toma consciência da sua liberdade, de suas preferências e de sua capacidade de fazer opções, em detrimento de várias perdas. Isso é autodeterminação.

Objetivos
- Possibilitar aos participantes fazerem suas escolhas.
- Dar condições aos participantes de renunciarem às suas preferências.

Material
- Faixas de papel.
- Pincel atômico.
- Fita crepe.

Descrição da dinâmica
Escrever, em cada faixa, os temas da VG 5. Colocá-las em destaque em 4 pontos diferentes da sala. Convidar os participantes a se dirigirem à faixa que contém o tema de sua preferência para o estudo, conforme o número de participantes de cada subgrupo.

Conclusão
Segue a orientação para a dinâmica de estudo dos temas.

6.6. Dinâmica de estudo dos temas – Caminho compartilhado

Motivação
A pessoa se dá conta do próprio processo de assimilação e crescimento na experiência pessoal e no conhecimento adquirido a partir do momento que ela confronta, compara e integra o novo aprendizado.

Objetivos

- Confrontar-se com os conhecimentos bíblicos já adquiridos, enriquecidos e reformulados.
- Dar-se conta do conhecimento bíblico já adquirido até aqui.

Material

- Bola pequena para arremesso.
- Folhas de papel.

Descrição da dinâmica

Os participantes são subdivididos em 4 subgrupos, conforme a escolha dos temas da VG 5. Cada subgrupo, ao final da revisão, formulará duas questões sobre o seu tema. Todos os grupos se encaminharão para a plenária. Inicia-se o debate com o coordenador arremessando a bola a um dos participantes da plenária, que fará a pergunta feita pelo seu grupo a alguém de outro grupo, para respondê-la. Em seguida, este formulará a sua pergunta e arremessará a bola a outro participante de algum grupo que ainda não se manifestou, e assim sucessivamente.

Conclusão

Partilhar a experiência vivida.

6.7. Dinâmica de integração – Somos fraternais e únicos

Motivação

Não há um ser humano que seja igualzinho a outro; nem mesmo os gêmeos, por mais parecidos que sejam. Numa família, a mesma educação que é dada aos filhos, cada um assimila do seu jeito. Pode haver semelhanças, mas não reagem em tudo da mesma forma. Isso não acontece apenas na educação, mas em todas as áreas. Cada pessoa compreende o mesmo conteúdo a sua maneira; quanto mais em se tratando de diferentes etnias, famílias, contextos culturais, grupos de estudo, religiosos e outros.

Objetivos
- Refletir sobre as diferenças individuais.
- Reconhecer que cada pessoa é única e que a individualidade deve ser respeitada.
- Integrar as diferenças pessoais.

Material
- Folhas em branco.
- Lápis ou caneta.
- Aparelho de CD.
- CD de música instrumental.

Descrição da dinâmica

Entregar para cada participante uma folha, lápis ou caneta. Pedir que cada um desenhe, em silêncio e ao som de uma música, um animal de acordo com as características que seguem:

- cabeça pequena;
- orelhas empinadas;
- olhos esbugalhados;
- nariz comprido;
- boca pequena;
- dentes afiados;
- pescoço longo;
- corpo curto;
- cabelos compridos e anelados;
- quatro pernas;

- patas grandes;
- cauda espessa;
- unhas arredondadas.

Recolher os desenhos; misturá-los e distribuí-los aleatoriamente. Com os participantes em círculo, passar os desenhos para que observem as semelhanças e diferenças, mesmo tendo recebido as mesmas ordens.

Conclusão
Partilhar a experiência vivida.

6.8. Filme: *O violinista sobre o telhado*[4] – Parte 1

Na monarquia de Israel, sobretudo com o rei Davi, começam a se solidificar as instituições com suas tradições religiosas, culturais e sociais. Em contato com os povos vizinhos, sobretudo, os grandes impérios a sua volta, Israel vê-se constantemente ameaçado em sua autonomia pela própria localização geográfica. O filme *O violinista sobre o telhado* – Parte 1 retrata a experiência de uma família judia pobre que, por amor, orgulho, tradição e fé, supera a opressão da Rússia czarista, no final do século XIX. No filme, quais são as tradições e onde se revela a sua solidez?

6.9. Exercício de síntese – *O alto preço da prosperidade*
(As questões são respondidas individualmente.)

1. Algumas causas internas e externas favoreceram a mudança de regime de governo em Israel, na passagem do período tribal para o monárquico. Cite uma causa interna e uma causa externa.

---

[4] *IL VIOLINISTA Sul Tetto*. Direção: Norman Jewison. Milano – Itália: Artwork e Design, 1971. 1 DVD. Parte 1 (85 min aprox.), son., color. Línguas: italiano e inglês. Dublado: italiano.

2. Durante o período tribal, havia na terra de Israel muitas cidades-estados, governadas pelos seus respectivos reis. Ao Norte, encontrava-se a Síria, ao Sul, o Egito e, ao Leste, pequenos reinos, como o dos Amonitas, Moabitas, Edomitas, Madianitas. A maior ameaça, porém, era constituída pelos povos do mar, que ocupavam grande parte da faixa litorânea. Qual é o nome deles?

3. Os reis no Antigo Oriente tinham um grande poder e eram considerados semideuses. Mas em Israel, não. O rei devia submeter-se a Deus, obedecer à Lei do Senhor e não era considerado soberano absoluto. Saul foi ungido primeiro rei de Israel. Descreva um pouco sobre ele e sua atuação.

4. O que mudou na sua visão sobre o rei Davi, depois do estudo?

5. Descreva em rápidos acenos o que trata 1-2 Samuel; 1-2 Reis 1–11. O que você recorda do crime de Gabaá (*Guibeà*) no livro de Juízes 19–21?

6. Salomão passou à história como rei sábio. Como é entendida a sabedoria de Salomão?

7. Salomão é conhecido também como rei construtor e rei comerciante. A construção do Templo de Jerusalém o tornou famoso. O comércio com os povos vizinhos revela interesses econômicos e políticos. As sombras do reinado de Salomão têm algo a ver com esses títulos de glória? Justifique.

8. Elencar uma semelhança e uma diferença que havia entre os profetas de Israel e Mari.

9. No período da monarquia unida surgiram diversos escritos bíblicos, entre eles a Tradição Javista. Por que ela se chama Javista? Descreva algumas características desse escrito.

10. Explique em poucas palavras o que são: "Escritos da época" e "Escritos sobre a época".

6.10. Olhar retrospectivo

(As questões são respondidas individualmente.)

1. Com o estudo sobre a monarquia unida em Israel descobri...
2. O estudo do contexto histórico do povo da Bíblia...
3. Nos pequenos grupos de estudo dos temas sinto-me...
4. A minha sugestão em relação à organização geral dos encontros é...
5. Palavra aberta...

6.11. Momento celebrativo – *Só a justiça humaniza o poder*

Motivação

O alto preço da prosperidade foi o tema do nosso estudo de hoje, sobre a monarquia unida em Israel. Fizemos a nossa Leitura Orante sobre um texto do livro de Samuel, que nos apresentou a experiência de limite, de fraqueza do rei Davi. Conhecemos de perto a opressão exercida por Salomão e os seus projetos faraônicos que exigiam grandes investimentos, aumentos de impostos, a ponto de dividir o seu reino em 12 províncias administrativas, para que em cada mês uma assumisse as despesas do palácio e da corte.

Canto: "Cidadão".[5]

Texto: Mc 10,41-45 – O pedido dos filhos de Zebedeu.

Motivação

O conteúdo de hoje, com o texto do evangelho que acabamos de ouvir, tem algo a ver com a minha experiência de vida? (*Pausa para partilha.*)

Canto: "Quem devia".[6]

---

[5] GERALDO, Zé. Cidadão. CD: *Zé Geraldo: cidadão*. São Paulo: Sony/BMG, 2001. Faixa 1.

[6] RIBEIRO, João Carlos (Pe.). Quem devia. CD: *Grãos de areia*, cit. Faixa 8.

Motivação

Como reagimos contra o poder opressor? Quando eu vejo alguém ser injustiçado, qual é a minha reação? Como utilizamos o nosso poder na família, na comunidade e no trabalho?

Canto: "Brasil".[7]

Invoquemos a bênção do Senhor sobre nós

O Senhor nos abençoe e nos conceda discernimento em nossas escolhas, conforme nos advertiu 1Sm 8 em nossa Leitura Orante, e agora Jesus: "Sabeis que aqueles que vemos governar as nações as dominam, e os seus grandes as tiranizam. Entre vós não será assim: ao contrário, aquele que dentre vós quiser ser grande, seja o servidor, e aquele que quiser ser o primeiro dentre vós, seja o servo de todos" (Mc 10,42-44).

O Senhor abençoe a cada um que participou e colaborou neste encontro com sua partilha e seu serviço, para o crescimento de todos nós.

Invoquemos sobre nós e sobre cada ser humano a bênção de Deus: "O Senhor te abençoe e te guarde! O Senhor faça resplandecer o seu rosto sobre ti e te seja benigno! O Senhor mostre para ti a sua face e te conceda a paz!" (Nm 6,24-26).

Bendigamos ao Senhor! Graças a Deus!

6.12. Teoria Documentária do Pentateuco:[8] Tradições/fontes Pentateuco – Características

6.12.1. Repetições ou marcas originais?

Decálogo: Ex 20; Dt 5.

---

[7] CAZUZA. Brasil. CD: *Cazuza*. São Paulo: Universal Music, 2001. Faixa 19. (Coleção Millennium.)

[8] Há divergências entre os estudiosos da Bíblia quanto à Teoria Documentária do Pentateuco, na divisão em tradições Javista (J) Eloísta (E) Deuteronomista (Dtr) Sacerdotal (P) que estariam na base da elaboração do Pentateuco. Muitas críticas são feitas, mas sem novas propostas para justificar satisfatoriamente rupturas bruscas no texto, repetições, linguagem diversa etc. De qualquer forma, o conhecimento do caminho feito para o estudo da Teoria Documentária do Pentateuco não deixa de ser importante pelo esforço e a busca de esclarecimentos para as dificuldades encontradas no estudo do texto bíblico. Cf. SKA, Jean Louis. *Introdução à Leitura do Pentateuco: chaves para a interpretação dos primeiros cinco livros da Bíblia.* São Paulo: Loyola, 2003; PURY, Albert de (org.) *O Pentateuco em questão*. Petrópolis: Vozes, 2002.

Ciclo das festas: Ex 23; 34; Lv 23; Dt 16.

Criação: Gn 1,1–2,4a; Gn 2,4b-25.

Expulsão de Agar: Gn 16; 21.

Vocação de Moisés: Ex 3–4; 6,2-13.

Descanso: tem seu fundamento na criação: Ex 20,9-11, e saída do Egito: Dt 5,1-22.

Sara, irmã de Abraão: Gn 12,20, e Rebeca, irmã de Isaac: Gn 26.

Duas tradições mescladas do Dilúvio: Gn 6,5–9,17.

6.12.2. Diversidade literária: estilos e particularidades de vocabulário

a) Diversos nomes divinos para a mesma narrativa sobre Agar

- Javé (Gn 16,3-14); Elohim (Gn 21,9-19).
- Montanha da revelação: Sinai (Ex 19,1; Nm 10,12); Horeb (Ex 3,1).
- Habitantes da região: cananeus (Gn 12,6); emoritas (Dt 1,19).
- Indicam hábitos de linguagem, próprios de cada grupo religioso.

b) Estilo

- Mudanças de estilo, por exemplo, caloroso, das exortações do Deuteronômio, em contraste com o caráter técnico das prescrições rituais de Lv 1–7.
- As diferenças não se explicam só pelo assunto tratado, mas também pela diferença na maneira de viver a fé no Deus Um.

c) Arte

- Extrema sobriedade da narrativa da vocação de Abraão em Gn 12,1-4, em contraste com o romance pitoresco do casamento de Isaac e Rebeca, em Gn 24, ou com as aventuras de José em Gn 37; 39–50.

Conclusão

Estas tradições passaram por um longo processo de composição, até chegar à redação final. Os santuários e os lugares de peregrinação constituíam, na origem, os núcleos ao redor dos quais se formavam e perpetuavam as tradições orais das tribos e grupos. Estes se reuniam ali para celebrar as festas da Páscoa, recordando o êxodo, as Tendas, a caminhada do deserto. Essas tradições ou fontes religiosas e literárias resultaram no Pentateuco.

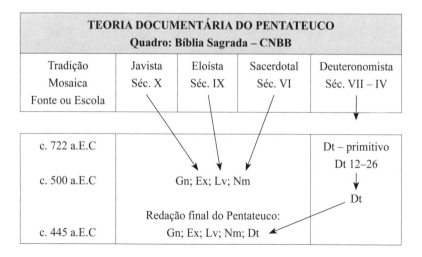

Tradição Javista (Javé)

Origem: Reino de Judá – Sul

Conteúdo predominante: Origem do mundo, da humanidade e de Israel. Patriarcas; Êxodo; Caminhada pelo deserto, concluída com a morte de Moisés.

Linguagem: concreta e imaginativa.

Deus: É familiar, próximo e aparece com formas humanas (Gn 2–3).

Tradição Eloísta (Elohim)

Origem: Reino do Norte – Israel

Conteúdo predominante: História dos Patriarcas; Êxodo do Egito; Peregrinação pelo deserto; Teofania do Sinai, concluída com a morte de Moisés.

Deus: Distante, precisa de intermediários para comunicar-se com o ser humano, como anjos, sonhos, mensageiros.

Tradição Sacerdotal: Sacerdotes e Levitas – Templo

Origem: Exílio – Babilônia

Conteúdo predominante: Genealogias; cronologias; números. Presente em todo o Pentateuco, mas predomina no Levítico.

Linguagem: Repetitiva, monótona.

Deus: Transcendente e, ao mesmo tempo, presente na criação (Gn 1).

Tradição Deuteronomista: Deuteronômio

Origem: núcleo do Deuteronômio é do Reino de Israel, no Norte, e foi integrado ao Reino de Judá, no Sul. A Escola Deuteronomista completou Dt e redigiu: Js; Jz; Sm; Rs.

Conteúdo predominante: A lei, a terra, a aliança, o Templo, a monarquia.

Estilo: retórico; expressões típicas "ouve Israel"; "O Senhor teu Deus"...

Deus: Santo, cultuado no Templo de Jerusalém. Elegeu gratuitamente o seu povo, Israel, e o ama.

Prospecto sinótico das três grandes fontes do Hexateuco J. E. P. (Gn, Ex, Lv, Nm, Js, Jz 1, exceto Dt 1–30)

O autor dessa classificação dos textos, segundo as tradições ou fontes do Hexateuco (6 livros), tem consciência de ser uma hipótese, sobretudo, em relação à tradição Eloísta (E), que é contestada por alguns estudiosos da Bíblia. Estes classificam muitos textos que seguem a linha do Eloísta, mas que provavelmente são acréscimos posteriores, considerados deuteronomísticos. Por isso, as citações são colocadas entre parênteses, muito mais próximas da fonte E quanto ao tempo, do que do Deuteronomista.

Com o avançar dos estudos, houve tentativas de subdividir a tradição J em J1; J2; J3 ou como fontes quenitas, de Seir, normádica. O que acontece, na verdade, é que o autor percebe que há textos mais antigos do que ele atribui ao Javista (patriarcas) e textos mais recentes ao Eloísta (Moisés).

> Há textos que não são classificáveis segundo estas tradições, como, por exemplo, Gn 14 e Ex 15,1-8, ou ainda acréscimos posteriores, de cunho deuteronomístico, como Dt 32,1-43.
>
> Os textos de P, colocados entre parênteses, são de origem sacerdotal, mas provavelmente não faziam parte do núcleo inicial de P; isso vale especialmente para as citações em *itálico*.
>
> As letras a, b correspondem a partes de um versículo e o sinal + indica mistura de fontes ou parte de versículos. Pequenas frações de versículos não foram consideradas neste elenco de textos.

J Gênesis – Gn	E Gênesis – Gn	P Gênesis – Gn
2,4b–4,26		1,1–2,4a
5,29		5,1-28.30-32
6,1-7a.b.8		6,9-22
7,1.2.3b-5.7+.10.12 16b.17b.22.23a+.b.		7,6.11.13-16a. 17a+.18-21.24
8,2b.3a.6.8-12. 13b.20-22		8,1.2a.3b-5. 13a.14-19
9,18-27		9,1-17.28.29
10,1b.8.9.10-19. 21.25-30		10,1a.2-7.20.22. 23.31.32
11,1-9.28-30		11,10-27.31.32
12,1-4a.6-20		12,4b.5
13,1-5.7-11a.12b. 13-18		13,6.11b.12a.b

J Gênesis – Gn	E Gênesis – Gn	P Gênesis – Gn
15,1b.2.7-12.17-20	**15**,1a.b.3-6. 13.14a.b.16	
16,1b.2.4-7a.11-14		**16**,1a.3.15.16
		17,1-27
18,1-18.20-33		
19,1-28.30-38		**19**,9-29
	20,1-18	
21,1a.2a.7	**21**,1b.6.8-34	**21**,2b-5
22,20-24	**22**,1.2a.b.3-14a.19	
		23,1-20
24,1-67		
25,11b.18.21-26a. 27+.28	**25**,11a.27+.29-34	**25**,7-10.12-17. 19.20.26b
26,1-3a.6-14.16.17. 19-23.25a.b-33		**26**,34.35
27,1a.b.2-14.16.17. 18a.b-23. 29a.b.30a+.b-34 41b.45a.	**27**,1b.15.18a.b. 24-28.29a.30a+. 30.31.32b. 35-41a.42-44.45a.b.	**27**,46
28,10.13-16.19	**28**,11.12.17.18.20-22	**28**,1-9
29,2-14.31-35	**29**,1.15-23.25-28a.30	(**29**,24.28b.29)
30,1a.3b.9a. 10-13a.b.14-16 20a+.b.21.22b. 24b.25.27.29-31. 35a+.36.37-38+. b.39b.40a.b-43	**30**,1a.b-3a.b.4b-8. 13a.17-20a+. 22a.b.23.24a.26.28. 32-34.37a.b. 38a.b.39a.40a.	(**30**,4a.9b)
31,1.3.19a.21.25.27. 31b.36a.38-40.44. 46.48.51 (exceto: e eis aquele cipó). 52a.b+.53a	**31**,2.4-9(10)11(12) 13-18a+.19b.20. 22-24.26.28-31a. 32-35.36b.37.41-43 45.49.50.53b.54	**31**,18a+.b

J Gênesis – Gn	E Gênesis – Gn	P Gênesis – Gn
33,1-3.4a+.b.5a.6-10a. 12-17	33,4a+.5b.10b.11a. 18a.b.19.20	33,18a
34,1-3.5.7.11-13a. 14.19.25a.26+.29b-31	34,4.6.8-10.13.b. 15a.b.16-18a. 20+-22a.23.24a+.24b+ (e foram circuncidados). 25b (assassinato!)	
35,21.22a	35,1-5.6b.7.8.14. 16-20	35,6a.9-13. 15.22b-29
36,10-39 (+ com E)		36,1-9.40-43
37,3.4.12.13a.14b.18b. 21 (leia: Judá). 23. 25-27.28a (Israelitas). 31.32+.33+. 34b.35a	37,5a.6-8a.9.10a+.b. 11.13b.14a.15-17.18a. 19.20.22.24.28.a.b (Mercadores madia- nistas). 29.30.32+.33+ (uma fera o devorou). 34a.35b	37,1.2
38,1-30; 39,1-3.4a+.b-23		
40,1 (3b.5b.15b)	40,2.3a+.4.5a. 6-15a.16-23	
41,14a.30a.34a. 35a.b.36a.38.42.44 45a.48.49a.53.54a. 55.56b.57	41,1-14.b.29.30b. 31.32a.b.33.34b. 35b.36b.37.39-41. 43.46b.47.49a.b. 50a.51.52.54b	41,46a
42,1a.2.4b.5.7a.b+ 9b.10.11a.12.27. 28a.b.38	42,1b.3.4a.6.7b+ (tratou-os com dureza). 8.9a.b.11b.13-26. 29- 35.28b.36.37	
43,1-13.15-23a.24-34	43,14.23b	
44,1a.2a+.b.3-34		
45,1.4b.5a+.6.9-12. 14.19a+.b.22-24a. 27a+.28	45,2.3.4a.5a+.b.7.8. 13.15-18.20.21b. 24b.25.27a+.b	

J Gênesis – Gn	E Gênesis – Gn	P Gênesis – Gn
46,1a+.5b.28-34	(**46**,1b-5a)	**46**,6.7(8-27)
47,1-5a.6b.12-27a. 29-31		**47**,5b.6a.7(*8-10*).11. 27b.28
48,2b.9b.10a.13. 14.17-19.20a+	**48**,1.2a.7-9a.10b-12. 15a(15b.16).20a+.b. (21.22)	**48**,3-6a(b)
49,2-28a.33a.		**49**,1a.28b+-31.33a.b
50,1-3a.4a.b.5-8.10b 11+.14a.18.21.22	**50**,3b.4a.9.10a+. 15-17.19.20.23. 24a.b.25.26	**50**,12.13

J Êxodo – Ex	E Êxodo – Ex	P Êxodo – Ex
1,6.8-10.11b.22	**1**,11a.12.15-21	**1**,1-5.7.13.14
2,1-3a.5a.6a+.b.10b. 15b-23a	**2**,3b-5a.b.6a+.b-10a. 11-15a.b	**2**,23a.b-25
3,1a.b.2.3a.4a.5.7.8. 16.17.18-20	**3**,1b.3b.4b.6.9-14. (15)21.22	
4,18.20a.24-26. 29+.31b	**4**,1-17.19.20b(21). 22.23.27.28	
5,3.4.6-8.10.11a. 12-22a.b.23b	**5**,1.2.5.9.11b.22b. 23a.b	
6,1a.b	**6**,1a.b	**6**,2-12(*13-30*)
7,14.15a.17a.18.21a. 23-29	**7**,15b.16.17b.20a.b	**7**,1-13.19.20a.21b.22
8,4-11a.16-28		**8**,1-3.11b.12-15
9,1-7.13-21.23b. 24b-30.33.34	**9**,22.23a.24a.35a	**9**,8-12
10,1-7.13a+.b.14a.b. 15a+.b.16-19.25.28.29	**10**,8-12.13a+.14a.15a+. 20-24. 26.27	
11,4-8	**11**,1-3	(**11**,9.10)

J Êxodo – Ex	E Êxodo – Ex	P Êxodo – Ex
12,21-23.27b.29.30b. 33.34.37-39	**12**,30a.31.32.35.36	**12**,1(2)3-14(15-20). 28.40.41(42-51)
13,20-22	**13**,17-19	(**13**,1.2)
14,5a.6.9a.10b.13. 14.19b.20a.b.21+. 24.25.27a+.b. 28b.30	**14**,5b.7.10a.b.11.12. 15.16.19a.20a.21+ (estendeu Moisés a mão sobre o mar, e as águas se dividiram). 22.26.27a+ (Moisés estendeu a mão sobre o mar). 28a+ (e as águas refluíram).29.31	**14**,1-4.8.9a.b.17.18. 23.28a+
15,22a+.b.23-25	**15**,20.21	**15**,22a+.27
16,4a.b+.5.13b.14a. 15.21.27.29.30.31b. 35a.		**16**,1-3.6.7(8).9-13a. 14b.16-20.22-26. 31a(32-34).35b(36)
17,1b+.2.7	**17**,3-6.8-13.15.16	**17**,1a.b+
18,1a+.b.2a+.b.3.4. 5+.6b.9b.10a	**18**,1a+.2a+.5+.6a+. 7.8.9a+.10b.11. 12+. 13-27 (+ com J)	
19,9a.10.11a.12.13a. 14-16a.18	**19**,2b.3a(3b-6)7.8. 13b.16b.17.19.25	**19**,1.2a
	20,1.2a.3.4a.7a.8.12a. 13-17a.18-26	
	21,1–22,30	
23,22b.23.24a. 27.29-31. 33.1+.3a.12-17	**23**,1-22a.25.26.28. 32.33	
	24,1a(1b.2).9-11.3-8. 12-15a.18b	**24**,15b-18a
		25,1–27,19
		(**27**,20.21)
		28,1-41(*42.43*)

J Êxodo – Ex	E Êxodo – Ex	P Êxodo – Ex
		29,1-37(*38-42a*). 42b.43-46
		(*30,1-31,17*)
	31,18b	**31**,18a
	32,1-8.15-34	
	33,3b-11	
34,1a.2-8.10a.14a.17. 18a.(19a)20b.21a.22a. (22a+.b.23).25.26		(**34**,29-35)
		35,1a(*1b-4a*).4b-10 (*11-19*).20-29(30-33. *34.35*)
		36, (1)2(3-7.8-38)
		(**37**,1-24.25-29)
		(**38**,1-7.8.9-20.*21-31*)
		39,(1-31)32(*33-42*)43
		40,(*1-16*)17(*18-33a*). 33b.34.(*35.36-38*)
J Levítico – Lv	E Levítico – Lv	P Levítico – Lv
		(**1**,*1-7,38*)
		(**8**,1-10a+.*10b*.11. 12-36)
		9,1-24
		(**10**,*1-20*)
		(**11**,*1–16,34*)
		(**17**,*1–26,46*)
		(**27**,*1-34*)

J Números – Nm	E Números – Nm	P Números – Nm
		(**1**,1-47.48-54)
		(**2**,1-34)
		(**3**,*1-13*.14-51)
		(**4**,*1–8,4*)
		(**8**,5-10.11.12-15a. *15b*-19.20. 21-26)
		(**9**,*1-14*.15-18.19-23)
10,29-33.35.36		**10**,(*1-10*)11.12(*13-28*)
11,6b-9.4-6a.10-12b. 13.15.18-24a.31-35	**11**,1-3.14.16.17. 24b-30	
12,16+	**12**,1(2).3-5a(5b-7a). 7b(8a).8b(9).10a.(10b-15)	
13,17b.18a.b+.19b. 20a.22.23b.26+ (apresentaram-se em Cades).27.28.30.31	**13**,17b.18b+ (escasso ou numeroso).19a.b.20b. 23a.24.26b+.29.33a (menos: gigantes).33b	**13**,1-3a(*3b-16*). 17a.21.25.26a+.b+ (e a toda a comunidade).32
14,1b.23a+.b.39-45	**14**,1a.3b.4.24.25b	**14**,1a.2+(3).5-7 (8.9).10.26-29a.(b). 34-38
		(**15**,*1-41*)
16,1b+.2a.b.12.13. 14.15.25.26. 27b-32a.33.34		(**16**,*1a+.2.3-11.16-23. 24a.b+.27a+.35*)
		(**17**,*1-27*)
		(**18**,*1–19,22*)
20,3a.5.19.20b	**20**,1a+ (e o povo fixou sua sede em Cades).1b.14.15a. 16-18.20a.21	**20**,1a+.2.3b.4.6.7(8). 8a.b(9).10.(11a).11b. 12(13)(b).22.23 (23a.b.24).25-29

J Números – Nm	E Números – Nm	P Números – Nm
21,1-3.(10-20)	**21**,4+-9.21-32	**21**,4a+
22,3a.4-6.8a+.10b.11a. 12b.13a+ (tornai ao vosso país).13b.16b. 17a.18.19b.21a+ (e aparelhada a jumenta). 22-34.35+ (menos: com esses homens, os príncipes de Balac). 36-38a.39	**22**,2.3b.7a+ (e os "anciãos" de Moab foram).7b.8a+.b.9.10a. 11b.12a.13a+.14-16a. 17b.19a.20.21a+.b. 38b.40.41	**22**,1(a)b
	23,1-21.23-28	
24,2-10a.11-19.25		
25,1b.2.3b.4	**25**,1a.3a.5	(*25,6-18*)
		(*26,19–26,65*)
		27,(*1-11*)12-14a(*b*). 15-23
		(*28,1–30,17*)
		(*31,1-54*)
32,2+-6.20b-23.25-27. 28+ (então Moisés deu ordens a respeito deles).29a+.30a	**32**,39.41s.1.16-20a.24. 33+-38	
		(*33,1-49*) (*33,50–34,29*)
		(*35,1–36,13*)
J Deuteronômio – Dt	E Deuteronômio – Dt	P Deuteronômio – Dt
31,16a	**31**,14.15.16a+.b.17.23	
	33,1-29	
34,1b-3.4b	**34**,5.6(10)	**34**,1a.7-9

J Josué – Js	E Josué – Js	P Josué – Js
	1,1s.10s (+ com E)	
2,1-9.12-24		
3,1-5,1		
5,2s.8s.13-15		(**5**,10-12)
6,1-27		
7,1-26		
8,1b.2b-12.13b-29		
9,1-15a.16.22-27a	(+ com E)	(**9**,15b.17-21)
10,1a.b.2.3a.4.5a+b. 6-15		
11,1a.b+.2-8a.9		
		(**12**,1-24)
		(**13**,15-32.33)
	14,6-15	(**14**,1-5)
		(**15**,1-12.20-62)
		(**16**,1-9)
		(**17**,1-10.14-18)
18,2-10		(**18**,1.11-28)
19,51b	(+ com E)	(**19**,1-46.48-51a)
		(**20**,1-9)
21,43.44a.b.45		(**21**,1-42)
		(**22**,9-34)
	24,1-27 (reelab. deuteronomística) 28.30.32s	

J Juízes – Jz	E Juízes – Jz	P Juízes – Jz
1,1-36 2,1-5 (reelab. deuteronomística)		

(Fonte: RUPPERT, Lothar apud SHREINER, J. (Ed.). *Palavra e mensagem do Antigo Testamento*. São Paulo: Paulus, 2004. pp. 483-489.)

7º encontro

Em busca de vida, o povo muda a história

7.1. Preparação do encontro

Leituras indispensáveis

Ler: *Em busca de vida, o povo muda a história* (VG 6).
Ler: *Escritos do Reino de Israel*. Textos da Tradição Eloísta; Amós; Oseias; Salmo 58.

Textos e indicação de cantos

Exercício de síntese; CDs com a indicação dos cantos; olhar retrospectivo; texto com as explicações para a dinâmica "Saber Ouvir", com instruções para o grupo 2; orientações para o estudo de grupos de: Amós, Elias, Oseias e Eliseu.

Recursos pedagógicos

Linha do Tempo, reproduzida em pano ou papel, conforme a indicação do mapa n. 42, no livro: *Caminhamos na história de Deus* (VG 15). Fichas para cada participante com símbolos da monarquia: trono, coroa, castelo e cetro. Faixas de papel contendo, separadamente, palavras características de cada profeta, sem, porém, identificá-los: (Eliseu) Homem de Deus; (Elias) Fidelidade; (Amós) Justiça; (Oseias) Perdão; DVD: *Romero*, sobre a vida de Dom Oscar Romero.

7.2. Sugestão de programa – *Em busca de vida, o povo muda a história*

08:00 – Leitura Orante: "Deus fala pela boca de Amós"

08:50 – Introdução ao tema: Reino de Israel – Norte

09:45 – Dinâmica de formação de grupos: "Sinais do poder repressor"

10:00 – Intervalo

10:15 – Dinâmica de estudo dos temas: "Ideias que se fazem vida"

11:30 – Plenária

12:00 – Almoço

13:00 – Dinâmica de integração: "Caminhos e barreiras da comunicação"

13:45 – DVD: *Romero* (145 min)

16:10 – Intervalo

16:25 – Dinâmica de formação de grupos: "Virtudes proféticas"

16:35 – Dinâmica de estudo dos profetas: "A Palavra de Deus traduzida em vidas"

17:00 – Momento celebrativo: "O tributo que Deus quer é nossa vida"

17:45 – Olhar retrospectivo

18:00 – Conclusão do encontro

7.3. Leitura Orante – Deus fala pela boca de Amós

Motivação

Faremos a Leitura Orante sobre um texto do profeta Amós, que atuou no Reino do Norte. Amós tem consciência da situação de injustiça que havia em relação ao povo. Ele é conhecido como o profeta da justiça. Ele critica a injustiça dos grandes, mas não poupa também as críticas ao culto falso. Talvez Amós tenha algo a nos dizer hoje. Vamos ouvi-lo com o coração desarmado, disposto a acolher a sua Palavra.

Texto: Amós 5,21–6,7 – O falso culto.

Recordando os passos da Leitura Orante

Leitura: O que o texto diz? Depois da leitura do texto, pode-se repetir a palavra ou frase que mais chamou sua atenção. Não importa se é a mesma que alguém já falou.

Meditação: O que o texto diz para mim? Aqui, pode-se partilhar por que a palavra ou frase, falada em voz alta ou não, chamou sua atenção.

Contemplação: O que a Palavra me levou a experimentar? É o momento de reviver, na experiência retratada na palavra, a minha experiência, percebendo as moções do Espírito.

Oração: O que o texto me leva a falar com Deus? Falar com Deus em primeira pessoa sobre o que esta palavra suscitou em mim.

Ação: O que a palavra me pede para viver? Escolhe-se um gesto concreto para viver até a próxima Leitura Orante.

Canto ou Oração: Invocação ao Espírito Santo.

Canto: "Escuta Israel, Javé teu Deus vai falar! Fala, Senhor Javé, Israel quer te escutar!". (bis)

Oração: Que o Senhor nos abençoe e nos conceda viver na coerência os ensinamentos do profeta Amós, a tal ponto que "o direito corra como água e a justiça, como um rio caudaloso" em toda a face da terra. Possamos conviver na igualdade, na justiça e no amor recíproco. Amém.

Bendigamos ao Senhor. Graças a Deus!

7.4. Introdução ao Reino do Norte – *Em busca de vida, o povo muda a história*

O título deste livro, *Em busca de vida, o povo muda a história*, reflete a consciência de um povo que se recusa a rezar pela cartilha do poder hereditário de Roboão, filho de Salomão, que quis impor o dobro de tributos que seu pai impunha. Daí a capa do livro com as efígies das moedas que circulavam nesse tempo, para evidenciar os impostos que o povo pagava ao rei e ao Templo. Essa foi uma das principais causas da divisão do reino de Salomão.

Na cronologia dos reis do Reino do Norte, Israel, destacamos alguns nomes que marcaram a sua história, bem como os profetas que atuaram nesse período. Pela pregação de Amós, percebe-se opulência por um lado e miséria por outro. Neste período surgem escritos importantes, além do livro de Amós e Oseias. A tradição Eloísta retoma a história dos patriarcas, o êxodo, a peregrinação pelo deserto, a teofania do Sinai e conclui com a morte de Moisés. A linguagem é monótona e repetitiva. O Deus que nela aparece é transcendente, usa de intermediários, anjos, sonhos e mensageiros para comunicar-se com o ser humano.

O último tema deste livro apresenta as características do Reino do Norte, que, apesar de ser mais rico e maior, viveu uma instabilidade muito superior do que o Reino de Judá. Sem dúvida a posição geográfica da capital contribuiu para esta instabilidade. Há uma nítida tendência do grupo Deuteronomista a favor da monarquia dinástica do Reino de Judá e contra os reis do Reino do Norte. Isso é muito evidente numa leitura paralela dos reis do Norte e dos reis do Sul.

7.5. Dinâmica de formação de grupos – Sinais do poder repressor

Motivação

Com a divisão do reino de Salomão, formaram-se dois reinos: o Reino de Judá, ao Sul, e o Reino de Israel, ao Norte. Ambos adotaram a forma de governo monárquico. Quais são os símbolos que normalmente caracterizam a monarquia? O trono, o palácio, a coroa, o cetro. São símbolos do poder. Hoje, em nosso encontro vamos aprofundar o texto sobre o Reino do Norte, em que estes símbolos pesaram sobre a vida do povo, por meio dos impostos.

Objetivos

- Fazer levantamento das expectativas do grupo em relação ao estudo a ser realizado.
- Verificar a disponibilidade interna de cada participante.

Material

- Fichas com desenhos ilustrativos dos símbolos da monarquia.
- Aparelho de CD e CDs de música instrumental.

Descrição da dinâmica

Distribuir, aleatoriamente, as fichas com os símbolos da monarquia: palácio, trono, coroa e cetro. Terminada a entrega das fichas, convidar os participantes a se agruparem de acordo com os símbolos recebidos.

Conversar durante cinco minutos sobre o que evoca tal símbolo para o grupo. Após esta atividade, convidar os participantes a se autodeterminarem em relação ao tema a ser aprofundado.

Conclusão

Encaminhar os grupos para os locais de estudo.

7.6. Dinâmica de estudo dos temas – Ideias que se fazem vida

Motivação

Todos nós, de uma forma ou de outra, já ouvimos a recitação de um jogral, ou até mesmo já participamos de algum. O que é um jogral? É uma forma de comunicação com características próprias: recitador, trovador e coro.

Hoje, o nosso estudo sobre os temas terá como finalização a elaboração da síntese na forma de um jogral, do qual todos os membros do subgrupo são convidados a participar.

Objetivos

- Possibilitar a criatividade do grupo.
- Selecionar as ideias essenciais do tema.
- Criar oportunidade para que todos participem e desenvolvam o seu potencial.

Material

- O livro: *Em busca de vida o povo muda a história* (VG 6).
- Papel ofício.
- Aparelho de CD.
- CDs de música.

Descrição da dinâmica

Com os subgrupos já formados e os temas escolhidos, no local indicado, rever os temas, selecionar as ideias principais e elaborar o jogral. Apresentá-lo em plenário, de forma dinâmica e criativa.

Conclusão

Partilhar a experiência vivida.

7.7. Dinâmica de integração – Caminhos e barreiras da comunicação

Motivação

Toda comunicação humana é fragmentada, limitada, traz seus ruídos. Se estes existem em nível interpessoal, também existem em nível grupal, social, tribal e entre reinos. E nós estamos estudando o Reino de Israel e o Reino de Judá, que era um reino unido e se dividiu em dois. Por quê? Porque não havia respeito, escuta aos apelos do povo por vida, liberdade, justiça social. E os interesses econômicos, políticos, ficaram acima das necessidades do povo. Esta foi a causa da ruína do reino de Salomão.

Objetivos

- Perceber a importância de uma comunicação respeitosa e verdadeira.
- Tomar um posicionamento ético diante da fala do outro.
- Ouvir o outro sem preconceitos.

Tempo
30 minutos.

Material
- Fichas com instruções para o grupo 2.

Descrição da dinâmica
Formar duplas e numerar os participantes de cada dupla com os números 1 e 2, aleatoriamente. Reunir todos os participantes que receberam o número 1 e dar a seguinte instrução: "Você irá contar uma história a seu colega. Pode escolher uma história real, de sua própria vida, ou criar algo. Mas sua tarefa é contar essa história a seu colega do começo ao fim e certificar-se de que ele compreendeu bem o que você contou".

Reunir os participantes que receberam o número 2 e entregar-lhes instruções individuais: cada um desempenhará uma função diferente com seu par, mas todos têm o objetivo de interferir na comunicação do parceiro, dificultando-o na sua narrativa.

- Dê palpites sem ser solicitado durante o relato do seu parceiro.
- Interrompa frequentemente seu parceiro, impedindo-o de chegar ao fim de sua história.
- Mude de assunto, várias vezes, durante o relato de seu parceiro.
- Peça constantemente a ele que repita o que acabou de dizer.
- Procure contar uma história melhor do que a que seu parceiro está contando.
- Observe o ambiente, enquanto seu parceiro está falando.
- Ria e ache graça quando o seu parceiro falar sério.
- Faça perguntas sobre todos os detalhes da história.

- Faça exclamações e expressões faciais frequentes.
- Elogie o tempo todo a habilidade que o seu parceiro tem para contar história.
- Desdenhe completamente com uma postura desligada o que seu parceiro está falando.
- Fale ao mesmo tempo, tentando completar ou antecipar o que o seu parceiro tem a contar.
- Levante-se e sente-se várias vezes, mostrando o seu descontentamento ao ouvir seu parceiro.

Conclusão

Em plenária, partilhar a experiência vivida. Depois refletir com o grupo: Como você se sente quando alguém não escuta você? É difícil para você escutar a outra pessoa? E falar de si? Que atitudes da outra pessoa facilitam a sua comunicação?

7.8. Filme: *Romero*[1]

Com a morte de Salomão, o reino unido se dividiu em dois reinos: o Reino de Israel, ao Norte, com Jeroboão, e o Reino de Judá, ao Sul, com Roboão, filho de Salomão. Os altos impostos oprimiam o povo, por isso, a revolta foi inevitável e a separação em dois reinos se consolidou. Nesse contexto, surgem os profetas Amós, Oseias e outros, como a consciência crítica junto aos reis, em defesa do povo. O filme *Romero* traz para os nossos dias a missão dos profetas bíblicos, que pagam com a vida o próprio anúncio, e a denúncia da opressão sobre o povo.

O que consolidou o profetismo de Dom Oscar Romero?

---

[1] *ROMERO: uma história verdadeira*. Direção: John Dulgan. Cotia-SP: 1989. 1 DVD (105 min), son., color. Dublado: português.

7.9. Dinâmica de formação de grupos – Virtudes proféticas

Motivação

Cada pessoa tem o seu traço característico. Isso a identifica dentre as demais. Do mesmo modo, os profetas carregam características próprias que se refletem nos seus escritos. Estas orientam e enriquecem o nosso estudo sobre os profetas do Reino do Norte: Elias, Eliseu, Amós e Oseias.

Objetivos

- Descobrir os traços característicos de cada profeta do Reino do Norte.
- Deixar-se tocar pelas mensagens deixadas pelos profetas do Reino do Norte.

Material

Faixas de papel; pincel atômico.

Descrição da dinâmica

Escrever, em faixas distintas, cada uma das características dos profetas, porém, sem identificá-los. Homem de Deus (Eliseu); Fidelidade (Elias); Justiça (Amós); Perdão (Oseias). As faixas serão colocadas em lugares diferentes da sala. Cada participante é convidado a se dirigir até aquela com a característica que mais o identifica, de tal forma que o número de pessoas em cada subgrupo seja equivalente.

Conclusão

Cada subgrupo se dirige para o local indicado.

7.10. Dinâmica de estudo dos profetas – A Palavra de Deus traduzida em vidas

Motivação

Toda pessoa humana tem sua história pessoal, familiar e social. Os profetas bíblicos não fugiram a esta realidade. Cada um, a seu modo, releu os fatos da história do seu povo, à luz de Deus e de sua consciência crítica. Muitos pagaram com a perseguição e até com a morte o preço da sua missão de denunciar tudo o que não correspondia à vontade de Deus, e de anunciar a mensagem de salvação.

Objetivos

- Possibilitar o conhecimento da vida e missão dos profetas, de ontem e de hoje.
- Criar a consciência de que todo cristão recebe, no dia do Batismo, a missão de ser profeta ou profetisa.
- Ser presença e testemunha de Deus no meio do povo.

Descrição da dinâmica

Cada grupo receberá a ficha com as questões a seguir, de acordo com o profeta escolhido.

Grupo 1

Ler o texto 1Rs 19,1-18.

- Qual é o problema que Elias enfrenta no texto indicado?
- Qual é o problema que Dom Romero enfrenta no filme a que assistimos?
- Quais semelhanças existem entre o Profeta Elias e Dom Oscar Romero?
- Quais foram as consequências que Elias e Dom Oscar Romero sofreram?

Grupo 2

Ler o texto de Amós 5,14–6,7.

- Qual é o problema que Amós enfrenta no texto indicado?
- Qual é o problema que Dom Romero enfrenta no filme a que assistimos?
- Quais semelhanças existem entre o Profeta Amós e Dom Oscar Romero?
- Quais foram as consequências que Amós e Dom Oscar Romero sofreram?

Grupo 3

Ler o texto de Oseias 6,7–7,16

- Qual é o problema que Oseias enfrenta no texto indicado?
- Qual é o problema que Dom Romero enfrenta no filme a que assistimos?
- Quais semelhanças existem entre o Profeta Oseias e Dom Oscar Romero?
- Quais foram as consequências que Oseias e Dom Oscar Romero sofreram?

Grupo 4

Ler o texto de 2Rs 5,1-27

- Qual é o problema que Eliseu enfrenta no texto indicado?
- Qual é o problema que Dom Romero enfrenta no filme a que assistimos?
- Quais semelhanças existem entre o Profeta Eliseu e Dom Oscar Romero?
- Quais foram as consequências que Eliseu e Dom Oscar Romero sofreram?

7.11. Exercício de síntese – *Em busca de vida, o povo muda a história*

(As questões são respondidas individualmente.)

1. Todos os cidadãos pagam impostos. Em todas as nações cobram-se impostos. No Brasil, todos conhecemos os impostos que devemos pagar. E por que pagamos impostos?

2. O povo da Bíblia também pagava impostos desde o tempo da Monarquia em Israel. Havia as taxas do santuário e os impostos pagos ao rei. Dê um exemplo de taxa paga ao santuário e outra paga ao rei.

3. Muitas causas contribuíram para a divisão do reino de Salomão. Cite algumas que, a seu ver, foram determinantes.

4. O profeta Aías de Silo, do Norte, anuncia por meio de ação simbólica a divisão do reino de Salomão. Narre em poucas palavras o gesto simbólico e dê a interpretação (cf. 1Rs 11,29-32).

5. No Reino de Israel, ao Norte, nasceram diversos escritos: a Tradição Eloísta, Oseias, Amós e, provavelmente, o Salmo 58. Cite uma semelhança e uma diferença de conteúdo entre Amós e Oseias.

6. Acab é um dos reis do Reino do Norte. Ele conduziu uma política de exploração e violência. Tornou-se conhecido pela apropriação indevida da vinha de Nabot. Mas ele é recriminado, sobretudo, por ter introduzido:

7. Os profetas Amós e Oseias atuaram no tempo do Rei Jeroboão II, no Reino do Norte. Tempo de riqueza e opulência de poucos e miséria de muitos. O que o profeta Amós recrimina no governo ou na política?

8. Elias não tem um livro na Bíblia com o seu nome, mas conhecemos sua história narrada em 1 Reis 17–19.21. Descreva um dos fatos que mais chamou a sua atenção e justifique.

9. Dentre os escritos bíblicos que nasceram no Reino do Norte, surge a obra Eloísta. Ela traz algumas características que lhe são próprias. Descreva algumas:

10. O Reino do Norte, embora mais rico e com maior número de tribos, durou menos tempo do que o Reino de Judá. Descreva algumas de suas características.

7.12. Momento celebrativo: Oração final – O tributo que Deus quer é nossa vida

Memória retrospectiva e partilha

Vamos fazer um momento de silêncio, dando um olhar retrospectivo ao nosso dia. Vamos dar-nos conta daquilo que nos tocou mais forte, que está nos incomodando. (*Pausa.*) Se alguém o desejar, pode partilhar espontaneamente...

Canto: "Teu sol não se apagará, tua lua não terá minguante, porque o Senhor será tua luz, ó povo que Deus conduz" (Sl 86),[2] ou outro.

Motivação

Iniciamos o nosso dia com a Leitura Orante, a partir de um texto do profeta Amós. Ele nos fez refletir sobre o culto falso, a injustiça, a incoerência entre o discurso e a ação. O profeta tenta traduzir os sentimentos de Deus na relação com seu povo: "Eu odeio, eu desprezo as vossas festas e não gosto de vossas reuniões, porque me ofereceis holocaustos... não me agradam as vossas oferendas...". O que é mesmo que Deus deseja para o seu povo? "Que o direito

---

[2] CNBB. Teu sol não se apagará. *Ofício Divino das Comunidades II*; livro de partituras, cit., p. 330.

corra como água e a justiça como rio caudaloso." O Reino de Israel separou-se por causa dos impostos e, no entanto, o povo continua pobre, oprimido sob a carga dos tributos. Isso constituiu também a ruína do Reino do Norte. No Evangelho, Jesus faz uma reflexão semelhante sobre os tributos ou impostos.

Canto: "Teu sol não se apagará, tua lua não terá minguante, porque o Senhor será tua luz, ó povo que Deus conduz".

Texto: Mt 17,24-27 – Jesus paga imposto.

Canto: "Se calarem a voz dos profetas"[3] ou "Louvação à Mariama"[4].

7.13. Olhar retrospectivo

O que de mais significativo você leva para sua vida hoje?

Invoquemos a bênção do Senhor sobre nós

O Senhor nos abençoe e desperte em nós toda colaboração para "que o direito corra como água e a justiça como um rio caudaloso!" (Am 5,24) e para que aprendamos a lição que Jesus oferece a nossas vidas: "Dai a César o que é de César, e a Deus o que é de Deus" (Mc 12,17).

O Senhor abençoe cada um que participou e colaborou neste encontro com sua partilha e seu serviço, para o crescimento de todos nós.

Invoquemos sobre nós e sobre cada ser humano a bênção de Deus: "O Senhor te abençoe e te guarde! O Senhor faça resplandecer o seu rosto sobre ti e te seja benigno! O Senhor mostre para ti a sua face e te conceda a paz!" (Nm 6,24-26).

Bendigamos ao Senhor! Graças a Deus.

---

[3] CARDOSO, Antônio. Se calarem a voz dos profetas. CD: *Diante de ti*. São Paulo: Paulinas/Comep, 2010. Faixa 7.
[4] NASCIMENTO, Milton. Louvação à Mariama. CD: *Missa dos Quilombos*, cit., faixa 10.

8º encontro
Entre a fé e a fraqueza

8.1. Preparação do encontro

Leituras indispensáveis

Ler: *Entre a fé e a fraqueza* (VG 7).

Ler: *Escritos do Reino de Judá:* 1 Isaías (1–39); Miqueias; Sofonias; Provérbios 10–22; 25–29; Salmos: 46; 48; 64.

Textos e indicação de cantos

Exercício de síntese; CDs com a indicação dos cantos; olhar retrospectivo.

Recursos pedagógicos

Linha do Tempo, reproduzida em pano ou papel, conforme a indicação do mapa n. 42, no livro: *Caminhamos na história de Deus* (VG 15). Fichas com o símbolo das instituições: cidade de Jerusalém, Templo de Salomão, Rei Davi, Arca da Aliança, bezerro de ouro, sumo sacerdote. Papel ofício; lápis de cor; giz de cera; pincel atômico grande; copinhos de café; flores de papel; DVD: *O violinista sobre o telhado* – Parte 2.

8.2. Sugestão de programa – *Entre a fé e a fraqueza*

08:00 – Leitura Orante: "Vocação profética: dor e confiança em Deus"

08:50 – Introdução ao tema: Reino de Judá – Sul

10:00 – Intervalo

10:15 – Dinâmica de formação de grupos: "Instituições de apoio à vida"

10:30 – Dinâmica de estudo dos temas: "Traços que revelam vida"

11:30 – Plenária

12:00 – Almoço

13:00 – Dinâmica de integração: "Roda-viva"

13:45 – DVD: *Um violinista sobre o telhado* – Parte 2 (87 min)

15:15 – Intervalo

15:30 – Dinâmica de formação de grupos: "Flores que se abrem"

15:45 – Dinâmica de estudo: "Profetas do Sul"

16:30 – Plenária

17:00 – Momento celebrativo: "Nossa vida se faz oração"

17:45 – Olhar retrospectivo

18:00 – Conclusão do encontro

8.3. Leitura orante – Vocação profética: dor e confiança em Deus

Motivação

Nosso tema de hoje é o Reino de Judá. O reino da dinastia davídica, da qual nascerá o Messias. Esta é a expectativa da tradição judaica. Nesse período, surgiu um grande profeta, Jeremias. Ele nasceu por volta de 650 a.E.C., em Anatot, próximo de Jerusalém. Sua família era da classe sacerdotal. Sentiu o chamado de Deus para a vocação profética ainda muito jovem, por volta de 626 a.E.C., durante o reinado de Josias. Assistiu à queda do Reino de Israel, ao Norte, à conquista de Jerusalém por parte de Nabucodonosor, por volta de 597 a.E.C., e à primeira deportação de seus habitantes. E, em 587 a.E.C., Jeremias presenciou a queda definitiva do Reino de Judá. Nesse contexto conturbado, ele exerce a sua missão profética.

Vamos hoje fazer a nossa Leitura Orante sobre o seu chamado e, no chamado de Jeremias, o nosso chamado.

Recordando os passos da Leitura Orante

Leitura: O que o texto diz? Depois da leitura do texto, pode-se repetir a palavra ou frase que mais chamou sua atenção. Não importa se é a mesma que alguém já falou.

Meditação: O que o texto diz para mim? Aqui, pode-se partilhar por que a palavra ou frase, falada em voz alta ou não, chamou sua atenção.

Contemplação: O que a palavra me levou a experimentar? É o momento de reviver, na experiência retratada na palavra, a minha experiência, percebendo as moções do Espírito.

Oração: O que o texto me leva a falar com Deus? É falar com Deus em primeira pessoa sobre o que esta palavra suscitou em mim.

Ação: O que a palavra me pede para viver? Escolhe-se um gesto concreto para viver até a próxima Leitura Orante.

Texto: Jr 1,4-10 – Vocação de Jeremias.

Canto: "Senhor se tu me chamas eu quero te ouvir, / se queres que eu te siga, respondo: 'Eis-me aqui!'".[1]

Canto final: "Antes de te formares no seio de tua mãe" (O profeta).[2]

Oração: Que o Senhor nos abençoe e nos conceda vencer os nossos medos e, como Jeremias, tenhamos coragem de assumir a nossa missão profética, no meio onde vivemos e atuamos. Por Jesus Cristo, nosso Senhor. Amém.

Bendigamos ao Senhor! Graças a Deus!

---

[1] VV.AA. Senhor, se tu me chamas. CD: *Canções para orar – 1*. São Paulo: Paulinas/Comep, 1998. Faixa 13.
[2] VV.AA. Antes de te formares (O profeta), apud: *Mil e uma canções para o Senhor*, cit., p. 121.

8.4. Introdução ao Reino de Judá – *Entre a fé e a fraqueza*

Entre a fé e a fraqueza trata do Reino de Judá, ao Sul, com a capital em Jerusalém. A capa mostra o triste fim que teve este reino, com a dominação da Babilônia. Houve a destruição do Templo e com ele terminaram os sacrifícios, a classe sacerdotal e o sumo sacerdócio. O exílio terminou com a monarquia, a dinastia de Davi e com alguns grupos influentes da época, como os saduceus e os zelotas.

Este livro inicia-se com uma reflexão sobre o Padroado que aconteceu no Brasil, no período colonial. Ele representava o casamento entre a Igreja e o Estado. Havia uma grande aliança entre as duas instituições. Esta experiência retrata um pouco a experiência que o povo do Reino de Judá viveu, entre a religião e o Estado. O Templo de Jerusalém, que representa a parte religiosa, era uma espécie de Templo oficial do Estado. Os reis eram da dinastia de Davi, e de sua descendência nasceria o Messias. Esta expectativa era cultivada na oração dos salmos, nos anúncios proféticos, na esperança do povo. A Tradição Deuteronomista é muito rigorosa na apresentação dos reis do Reino do Norte e benévola na apresentação dos reis do Reino de Judá. Na verdade, analisando os textos, percebe-se que tanto os reis do Norte quanto os do Sul são infiéis à Aliança. Apenas o rei Davi e os reis que empreenderam a reforma religiosa, Ezequias e Josias, foram poupados de sérias críticas de idolatria e infidelidade à Aliança. Neste reino atuaram grandes profetas: o Primeiro Isaías, Miqueias, Sofonias, Jeremias, uma profetisa de nome Hulda e outros.

8.5. Dinâmica de formação de grupos – Instituições de apoio à vida

Motivação

As instituições, às quais pertencemos, constituem a nossa base, o nosso apoio. Todos fazemos parte de algumas delas. É impossível vivermos sem ter alguma ligação com alguma instituição: família, escola, clube, Igreja e outras. Essa experiência é tão antiga quanto o ser humano. O povo do Reino de Judá era cioso de suas instituições e dos seus símbolos: a cidade de Jerusalém, o Templo, o rei descendente de Davi, a Arca, o bezerro de ouro. O povo defendia com unhas e dentes as suas instituições, até com a própria vida, se necessário. Hoje, vamos mergulhar nessa temática com o estudo do Reino de Judá, ao Sul.

Objetivo

- Possibilitar o estudo e a vivência do conteúdo da VG 7.
- Estimular as relações de confiança e solidariedade.

Material

- O livro da VG 7.
- Fichas com os símbolos das instituições.
- Aparelho de CD.
- CDs de música.

Descrição da dinâmica

Repartir, aleatoriamente, as fichas do Reino de Judá, entre os participantes, formando três grupos. Relacionar as figuras com os temas: 1º tema com a figura da cidade; 2º tema com a figura do rei; 3º tema com a figura do Templo. Partilhar durante cinco minutos o conhecimento que têm sobre a figura que receberam. O coordenador destinará, para cada subgrupo, o tema que corresponde ao símbolo.

Conclusão

Após a partilha, os subgrupos serão encaminhados para o estudo do respectivo tema.

8.6. Dinâmica de estudo dos temas – Traços que revelam vida

Motivação

Há muitas maneiras de se apresentar um texto. Pode ser: descritiva, musical, por pintura, canto, coreografia, jogral, declamação, desenho e outras. No encontro passado, usamos a arte do jogral. Hoje, vamos usar a arte do desenho. Cada subgrupo, após rever o conteúdo, vai selecionar cinco ideias principais de seu tema e ilustrá-las, com cinco desenhos diferentes.

Objetivo

- Imaginar formas criativas de ilustrar um conteúdo.
- Estimular a capacidade de síntese.
- Ler com objetividade.
- Escolher 5 ideias do tema.

Material

- Folha de papel ofício.
- O livro da VG 7.
- Lápis de cor.
- Giz de cera.
- Pincel atômico.

Descrição da dinâmica

Formados os subgrupos, esclarecer sobre o trabalho que deve ser realizado durante o tempo de estudo: ler o seu tema, selecionar 5 ideias principais e representá-las criativamente, com um desenho para cada ideia principal. Na plenária, apresentar por grupos os desenhos, expondo-os num varal de corda e fazer uma analogia com hoje.

Conclusão
Comentar a atividade.

8.7. Dinâmica de integração – Roda-viva

Motivação
O nosso dia a dia é vivido como numa roda-viva. Muitos de nossos atos são repetitivos. Se não tomarmos consciência deles, será difícil renovarmos os nossos hábitos, conhecimentos, paradigmas. Isso que vivemos numa perspectiva pessoal acontece também numa perspectiva social, política, econômica, religiosa. Hoje, estamos trabalhando a monarquia no Reino de Judá. E o que há de diferente na experiência desse povo?

Objetivos
- Estabelecer uma analogia entre os tempos da monarquia em Israel e os tempos de hoje.
- Promover uma reflexão sobre o que está acontecendo em nosso país.

Material
- Aparelho de CD.
- CDs de música.

Descrição da dinâmica
Formar dois círculos. Um dentro do outro com o mesmo número de participantes, de modo a formar duplas, frente a frente. Colocar música, solicitando que ambos os círculos se movimentem para o lado direito. Quando a música parar, os participantes que estiverem frente a frente responderão, sucessivamente, à pergunta feita pelo facilitador. Repetir o mesmo procedimento cinco vezes com perguntas diferentes sobre o tema em questão.

Questões:

- Que relação você vê entre a monarquia em Israel e a monarquia no Brasil?
- Quais eram as ameaças e opressões sofridas pelo povo de Israel, no tempo da monarquia, e pelo nosso povo, hoje?
- Jacó abençoou cada um dos seus filhos. O que significa para nós, hoje, abençoar um filho ou alguém próximo?
- Possuímos alguma coisa tão sagrada para nós quanto a vinha de Nabot? Explique.
- Para você, quais são os profetas ou profetisas do meio onde você vive e atua? Justifique.
- Em que o curso Bíblia em Comunidade tem contribuído para a sua caminhada?

Conclusão

Partilhar a experiência vivida.

8.8. Filme: *O violinista sobre o telhado*[3] – Parte 2

O Reino de Judá, ao Sul, embora menor do que o Reino de Israel, durou mais tempo. Sentia-se protegido pelas instituições que considerava sólidas, que jamais se abalariam. Mas os fatos comprovaram a fragilidade: da monarquia, do Templo, do culto, do sacerdócio. Todos revelaram a sua finitude. Fez-se a experiência da destruição e do exílio. O filme: *O violinista sobre o telhado* – Parte 2, mostra que é impossível resistir às influências culturais circundantes e, ao mesmo tempo, à dificuldade para manter a própria identidade cultural e religiosa sem perder o essencial. Quais realidades podem ameaçar o essencial?

---

[3] *IL VIOLINISTA Sul Tetto*. Direção: Norman Jewison. Milano – Itália: Artwork e Design, 1971. 1 DVD. Parte 2 (87 min aprox.), son., color. Línguas: italiano e inglês. Dublado: italiano.

8.9. Dinâmica de formação de grupos – Flores que se abrem

Motivação

Num jardim, podemos encontrar uma multiplicidade de flores, com cores, formas, dimensões, perfumes diversos. É a generosidade da terra que nos oferece esta maravilha. Maior ainda é esta riqueza no nível humano, em que há uma variedade de dons, carismas, missões diferentes que cada pessoa realiza no seu dia a dia. Na Bíblia, encontramos uma diversidade de carismas e missões: os evangelistas, apóstolos, diáconos, profetas. Vamos, neste momento, receber o nome de um profeta e com ele formaremos os nossos grupos de revisão do estudo feito.

Objetivos

- Dar-se conta do carisma que há em cada pessoa.
- Descobrir o carisma específico de cada profeta.
- Identificar pelo estudo a característica pessoal do profeta que me estimula a imitá-lo.

Material

- Aparelho de CD.
- CD de música instrumental.
- Copinhos descartáveis de café.
- Flores de papel.

Descrição da dinâmica

Entregar para cada participante um copinho descartável de café, contendo água e uma flor recortada em papel colorido. Na flor, estará escrito o nome de um profeta. Repetir esse nome tantas vezes quanto forem os participantes em cada subgrupo. Colocar a flor com as pétalas dobradas no copinho d'água. Ela se abrirá, revelando o nome do profeta e, consequentemente, do grupo ao qual pertencerá. Os profetas que irão ser trabalhados nesta dinâmica são: Sofonias, Primeiro Isaías, Miqueias e Jeremias.

Conclusão

Encaminhar os subgrupos para os locais indicados.

8.10. Dinâmica de estudo – Profetas do Sul

Motivação

O nosso corpo fala. Por isso, há muitas maneiras de comunicarmos por meio dele: no olhar, na postura, no caminhar, no visual, na expressão facial e em muitas outras situações. Todas estas formas eram conhecidas pelo povo da Bíblia e se refletem nos seus escritos. Eles as incorporavam na comunicação da mensagem.

Objetivos

- Familiarizar-se mais e mais com os recursos linguísticos dos escritos bíblicos.
- Tomar consciência dos próprios movimentos, idas e vindas.

Material

Bíblia de Jerusalém:

- Isaías: 6,1-8;
- Jeremias: 18,1-7;
- Sofonias: 1,2–2,3;
- Miqueias: 3,1-12.

Descrição da dinâmica

Depois de formados os grupos, cada qual trabalhará o seu texto na forma de mímica. Os demais participantes serão convidados a interpretar a encenação. Após a interpretação, o grupo responsável lerá o texto na plenária.

Conclusão

O que aprendemos com essa dinâmica?

8.11. Exercício de síntese – Entre a fé e a fraqueza

(As questões são respondidas individualmente.)

1. Fazer uma síntese de sua compreensão do Reino de Judá, ao Sul, que se deu, aproximadamente, entre os anos 931 a 587/6 a.E.C.

2. O que chamou mais sua atenção na leitura do Profeta Miqueias? Justifique.

3. Confira no Evangelho de Mateus (Mt 1,1-17) e no Evangelho de Lucas (Lc 3,23-38) a "genealogia de Jesus". Verifique quais nomes há em comum nas duas narrativas. Que reflexão suscitou em você a diferença de nomes?

4. O culto cananeu ao Baal, segundo os textos bíblicos, é uma das causas da queda do Reino de Judá. Em que sentido a idolatria poderia causar a ruína do Reino?

5. O Templo de Jerusalém e a Basílica de São Pedro, em Roma, que significado têm, ainda hoje, para judeus e cristãos?

6. As palavras de Jeremias (Jr 7,1-15) e de Jesus (Mt 21,12-17) a respeito do Templo têm ainda hoje significado?

7. Ler Dt 12,1–26,15 e descrever, com suas palavras, uma pequena síntese desses 15 capítulos, ressaltando o que mais chamou sua atenção e por quê.

8. O que você assimilou com o estudo sobre o Reino de Judá?

8.12. Olhar retrospectivo

(As questões são respondidas individualmente.)

1. Diante de minhas expectativas, neste dia...
2. O meu maior crescimento...
3. Eu, no grupo e nos subgrupos...
4. Gostaria que no próximo encontro
5. Palavra aberta...

8.13. Momento celebrativo: Oração final – Nossa vida se faz oração

Motivação

Neste momento celebrativo, vamos fazer memória dos momentos mais significativos que vivemos hoje: Leitura Orante, reflexão sobre o Reino de Judá, estudo dos temas, dinâmicas que nos ajudaram a crescer como pessoas e em grupo... (*Pausa.*) Podemos partilhar espontaneamente. A cada duas partilhas, cantaremos o refrão seguinte, ou outro.

Refrão: Confiemo-nos ao Senhor, ele é justo e tão bondoso; confiemo-nos ao Senhor, aleluia![4]

Reflexão

No Reino de Judá atuaram profetas importantes como o Primeiro Isaías, Jeremias. Eles foram a consciência crítica junto aos reis e ao povo. Fizeram severas críticas também aos sacerdotes, que transformaram o Templo em covil de ladrões. Vamos ouvir o texto de Jeremias.

---

[4] TAIZÉ. Confiemo-nos ao Senhor. CD: *Coração confiante*, cit. Faixa 1.

Texto: Jr 7,1-11 – Mateus 21,13 retoma Jeremias na expulsão dos vendilhões do Templo: "Está escrito: 'Minha casa será chamada casa de oração. Vós, porém, fazeis dela um covil de ladrões!'".

Canto: "Eu te bendigo".[5]

Invoquemos a bênção do Senhor sobre nós

O Senhor nos abençoe e solidifique em nós a decisão de acolher o seu chamado, como Jeremias. "Não temas, porque eu estou contigo para te salvar... a quem eu te enviar irás, o que eu te ordenar, falarás... Eis que eu ponho as minhas palavras em tua boca..." (Jr 1,8-9). "Minha casa será chamada casa de oração. Vós, porém, fazeis dela um covil de ladrões!" (Jr 7,11; Mt 21,13).

O Senhor abençoe a cada um que participou e colaborou neste encontro.

Invoquemos sobre nós e sobre cada ser humano a bênção de Deus: "O Senhor te abençoe e te guarde! O Senhor faça resplandecer o seu rosto sobre ti e te seja benigno! O Senhor mostre para ti a sua face e te conceda a paz!" (Nm 6,24-26).

Bendigamos ao Senhor! Amém.

---

[5] SANTANA, José Acácio. Eu te bendigo. CD: *Santíssima Trindade*. São Paulo: Paulinas/Comep, 1998. Faixa 12.

9º encontro
Deus também estava lá

9.1. Preparação do encontro

Leituras indispensáveis

Ler: *Deus também estava lá* (VG 8).

Ler: *Escritos do período do exílio em Judá:* Tradição Deuteronomista (Deuteronômio; Josué; Juízes; 1-2 Samuel; 1-2 Reis); Jeremias; Lamentações; Abdias. *Escritos do período do exílio na Babilônia*: Tradição Sacerdotal; Levítico 8–10; 17–26; Ezequiel; Isaías 34–35; 2 Isaías (39–55); Salmos: 42; 43; 69; 70; 137.

Textos e indicação de cantos

Exercício de síntese; CDs com a indicação dos cantos; olhar retrospectivo; ficha com as orientações para o trabalho em subgrupos sobre o Livro das Lamentações; Salmo 137 e Ezequiel; Letras das músicas: *Deus é brasileiro*, de autoria de Renan Samba e interpretação do Terra Samba, e *Cálice*, de Chico Buarque e Gilberto Gil.

Recursos pedagógicos

Linha do Tempo, reproduzida em pano ou papel, conforme a indicação do mapa n. 42, no livro: *Caminhamos na história de Deus* (VG 15). Uma ficha para cada participante com as palavras: Saudade (1), Esperança (2), Expectativa (3), Solidariedade (4), Adaptação (5). Caixa para as questões. Papel A4; DVD: *Olga*.

9.2. Sugestão de programa – *Deus também estava lá*

08:00 – Leitura Orante: "Consolai o meu povo: virá um tempo novo"

08:50 – Introdução ao tema: O exílio na Babilônia

10:00 – Intervalo

10:15 – Dinâmica de formação de grupos: "Trem da saudade"

10:30 – Dinâmica de estudo dos temas: "O povo renasce da dor"

11:30 – Plenária

12:00 – Almoço

13:00 – Dinâmica de trabalho em grupos: "A esperança na dor"

13:45 – DVD: *Olga* (140 min)

16:15 – Intervalo

16:30 – Plenária

17:00 – Momento celebrativo: "Deus sempre parte conosco"

17:45 – Olhar retrospectivo

18:00 – Conclusão do encontro

9.3. Leitura Orante – Consolai o meu povo: virá um tempo novo

Motivação

Deus também estava lá é a experiência que o povo faz de Deus, que o acompanha para onde ele vai. Longe da pátria, sem Templo, sem culto, sem os seus dirigentes, ele vive a saudade e a esperança do retorno. É o tema de nosso estudo de hoje. Escolhemos o texto do Segundo Isaías, que é do final desse período. Ele começa a prever o retorno do povo a sua terra. Suscita uma grande esperança nos exilados e lhes dirige palavras de consolação e de ânimo, porque a libertação está próxima.

O texto que vamos ler é muito usado na liturgia do Advento. Na perspectiva cristã, com a chegada de Jesus, teve início o tempo messiânico.

Recordando os passos da Leitura Orante

Leitura: O que o texto diz? Depois da leitura do texto, pode-se repetir a palavra ou frase que mais chamou sua atenção. Não importa se é a mesma que alguém já falou.

Meditação: O que o texto diz para mim? Aqui, pode-se partilhar por que a palavra ou frase, falada em voz alta ou não, chamou sua atenção.

Contemplação: O que a palavra me levou a experimentar? É o momento de reviver na experiência retratada na palavra a minha experiência, percebendo as moções do Espírito.

Oração: O que o texto me leva a falar com Deus? Falar com Deus em primeira pessoa sobre o que esta palavra suscitou em mim.

Ação: O que a palavra me pede para viver? Escolhe-se um gesto concreto para vivenciar até a próxima Leitura Orante.

Oração: Oração ao Espírito Santo ou canto: "Vem, Espírito Santo, vem!".

Texto: Isaías, 40,1-11 – Anúncio da libertação.

Refrão: Axé – Irá chegar um novo dia, um novo céu e um novo mar; e neste dia os oprimidos, numa só voz a liberdade irão cantar.[1]

Canto: "Dizei aos cativos".[2]

Oração: Que o Senhor nos abençoe e nos conceda viver desde agora construindo em nosso dia a dia "um novo céu e uma nova terra" e livre-nos da tentação do desânimo, por Cristo, nosso Senhor. Amém.

Bendigamos ao Senhor. Graças a Deus!

---

[1] NASCIMENTO, Vera Lúcia. Axé (Irá chegar). *Ofício Divino das Comunidades II*; livro de partituras, cit., p. 242.

[2] VELOSO, Reginaldo. Dizei aos cativos. CD: *Canto do chão*; tempo de mudar. São Paulo: Paulinas/Comep, 1999. Faixa 7.

9.4. Introdução ao exílio – *Deus também estava lá*

Deus também estava lá foi a experiência que o povo fez de Deus, fora de sua terra. O povo tomou consciência de que Deus o acompanhava também no exílio da Babilônia. A capa do livro retrata parte dos muros da cidade e a porta de Ishtar, nome da divindade cultuada neste país. Babilônia, na época, era constituída de um grande e avançado centro cultural. Ela corresponde hoje ao Iraque.

O livro mostra a realidade do exílio vivida pela população da Judeia, depois da destruição, e pelos exilados na Babilônia. A realidade sofrida que permanecia na retina de quem ficou e de quem partiu teve de ser assumida por ambos os grupos. Os escritos nasceram em uma e outra realidade. Em Judá surgiram diversos escritos: Jeremias, Abdias, Lamentações e a Tradição Deuteronomista, que é formada por sete livros (Dt, Js, Jz, 1-2Rs, 1-2Sm). Parte dela veio do Reino do Norte, mas o maior número, do Reino de Judá. O estilo dessa tradição é retórico, traz expressões típicas como: "Ouve Israel" ou "O Senhor teu Deus". A visão de Deus que essa tradição conserva é a de um Deus Santo, cultuado no Templo de Jerusalém, o qual escolheu e elegeu o seu povo e o ama gratuitamente.

No exílio da Babilônia nasceram outros escritos como Ezequiel, Segundo Isaías e a Tradição Sacerdotal. Esta se interessou pelas genealogias, como tentativa de reconstruir a história do povo. Mostrou interesse pela cronologia e pelos números. Sua linguagem é repetitiva e monótona. Deus aparece como transcendente, mas presente na obra da criação.

9.5. Dinâmica de formação de grupos – O trem da saudade

Motivação

Todos já sentimos saudade, não é mesmo? E experimentamos também que a saudade, quando intensa, chega a doer. O espaço do coração fica pequeno e a gente chora de saudade. Foi o que experimentou o povo do Reino de Judá, quando foi levado para o exílio na Babilônia. Muitos deixaram para trás familiares, amigos, a terra e, pior ainda, partiram com a ruína da cidade e do Templo na retina de seus olhos.

Objetivos

- Tomar consciência da dor do povo que fica na terra, e dos que partem.
- Refletir sobre as consequências das várias mudanças que viveram.

Material

- Fichas contendo as palavras: saudade; esperança; expectativa; solidariedade; adaptação, para serem distribuídas a cada participante.
- O livro: *Deus também estava lá* (VG 8).
- Aparelho de CD.
- CDs de música.

Descrição da dinâmica

Cada subgrupo é formado conforme o nome que tirou e este, por sua vez, representa o sentimento dos exilados que compõe um vagão o qual, junto aos demais, formam um trem. O grupo *saudade* forma a locomotiva; é ele que puxa o trem. Cada parte do trem está associada à experiência que os exilados viveram. O grupo da locomotiva *saudade* só poderá partir quando o trem estiver completo. Espalhar pela sala os nomes dos temas que correspondem aos vagões. Este grupo dirá: "O trem da saudade quer partir, mas falta...", citando o nome de um vagão, por exemplo, *esperança*. O grupo, ao ser chamado pelo nome, repete-o em coro: *esperança*. Todos os grupos que forem chamados dizem da "experiência" que levam, segurando os colegas pela cintura e se juntando à locomotiva. Esta começará a caminhar fazendo evoluções pela sala. Quando o trem estiver completo, todos os grupos gritam o sentimento ou atitude que o seu vagão retrata. Na sequência dos nomes, formam-se os grupos de estudo, correspondentes aos temas.

Conclusão

Partilha da experiência vivida.

9.6. Dinâmica de estudo dos temas – O povo renasce da dor

Motivação

Todos podemos passar por situações as quais nunca pensamos um dia viver. Algumas alegres, outras sofridas e outras, ainda, desafiadoras. Esta foi a experiência vivida pelo povo que ficou na terra e pelo povo que partiu para o exílio. Ao rever os temas da VG 8, vamos relembrar as situações que esse povo experimentou durante o exílio.

Objetivos

- Tomar conhecimento da experiência vivida pelo povo.
- Comparar a experiência do povo do exílio com a experiência dos nossos exílios.

Material

- O livro: *Deus também estava lá* (VG 8).
- Papel A4.

Descrição da dinâmica

Explicar para todo o grupo a dinâmica do trabalho: rever o conteúdo do seu tema, selecionar a ideia principal, criando um desenho que o retrate. Elaborar duas questões ou perguntas sobre o tema. Recolher as perguntas de cada grupo para a plenária. Convidar os participantes a se assentarem em círculo. Colocar música, enquanto a caixinha circula entre eles com as questões. Ao parar a música, quem estiver com a caixinha tira uma questão e a responde. Em caso de dúvida, o grupo responsável pela mesma esclarece a resposta. Além das questões feitas, se alguém continuar com alguma dúvida, poderá expô-la.

Conclusão

Partilha da experiência vivida.

9.7. Dinâmica de estudo em grupos – A esperança na dor

Grupo 1

Ler o Livro das Lamentações 1,1–2,22 e a letra da música: *Deus é brasileiro*.[3] Verificar:

- Qual é o ponto central de Lamentações 1,1–2,22?
- Qual é a semelhança e a diferença entre o texto de Lamentações e a letra da música?
- Quais são as luzes que este texto do Livro das Lamentações e a música trazem para iluminar a nossa vida?

Grupo 2

Ler o Livro das Lamentações 3,1-66 e a letra da música: *Deus é brasileiro*. Verificar:

- Qual é o ponto central de Lamentações 3,1-66?
- Qual é a semelhança e a diferença entre este texto de Lamentações e a letra da música?
- Quais são as luzes que este texto do Livro das Lamentações e a música trazem para iluminar a nossa vida?

---

[3] *Deus é brasileiro*, composição de Renan Samba, interpretação do Terra Samba.

Grupo 3

Ler o Livro das Lamentações 4,1–5,22 e a letra da música *Deus é brasileiro*. Verificar:

- Qual é o ponto central de Lamentações 4,1–5,22?
- Qual é a semelhança e a diferença entre este texto de Lamentações e a letra da música?
- Quais são as luzes que este texto do Livro das Lamentações e a música trazem para iluminar a nossa vida?

Grupo 4

Ler Salmo 137 e a letra da música *Cálice*.[4] Verificar:

- Qual é o ponto central do Salmo 137?
- Qual é a semelhança e a diferença entre o texto do Salmo e a letra da música?
- Quais são as luzes que este texto do Salmo e a música trazem para iluminar a nossa vida?

Grupo 5

Ler o Livro de Ezequiel 34,1-31 e a letra da música *Deus é brasileiro*. Verificar:

- Qual é o ponto central de Ezequiel 34,1-31?
- Qual é a semelhança e a diferença entre este texto de Ezequiel e a letra da música?
- Quais são as luzes que este texto do Livro de Ezequiel e a música trazem para iluminar a nossa vida?

---

[4] *Cálice*, composição de Chico Buarque e Gilberto Gil.

9.8. Filme: *Olga*[5]

A experiência final do Reino de Judá, ao Sul, acabou no exílio na Babilônia. Ela foi o resultado de alianças frustradas e de resistências ao pagamento de tributos a este império. O preço foi muito alto: destruição da cidade, das muralhas, do Templo, o exílio das lideranças do povo. Ficou na terra o povo pobre sob o domínio da Babilônia, forçado a pagar tributos ao dominador. O filme *Olga* mostra a dura realidade de discriminação, de perseguições constantes por causa da fé, de tradições e de ideais. Quais são os valores apontados no filme dos quais não se pode abrir mão?

9.9. Exercício de síntese – *Deus também estava lá*

(As questões são respondidas individualmente.)

1. O que representou, para o povo de Judá, a experiência do exílio na Babilônia?

2. A experiência do exílio pode ser vivida por alguém que nunca saiu de sua terra natal? Explique.

3. O Segundo Isaías retrata, de forma poética e criativa, a experiência do povo exilado na Babilônia, por meio dos cânticos do Servo Sofredor. O que chamou mais sua atenção?

4. Qual é o significado de "resto" no contexto do exílio na Babilônia? A quem se aplicaria no contexto atual? E que relação há entre os dois grupos?

5. Os exilados na Babilônia viviam em comunidades. Em que sentido esta experiência os favorecia?

6. O povo de Judá viu a destruição do Templo, o fim do culto, a dispersão de suas lideranças políticas e religiosas, a morte

---

[5] *OLGA; muitas paixões numa só vida.* Direção: Jayme Monjardim. Manaus-AM: Videolar, 2005. 1 DVD (140 min), son., color. Idioma: português. Legendas: português, inglês e espanhol.

de muitos e o exílio de outros. Descreva, a partir da leitura do Livro das Lamentações, o olhar do povo sobre a nova situação.

7. Qual é o gênero literário do livro de Ezequiel 40–48 e por que ele retoma o tema do Templo e da terra?

9.10. Olhar retrospectivo

(As questões são respondidas individualmente.)

1. Em nossos encontros, uma coisa que me surpreende...
2. Ainda enfrento dificuldades, quando...
3. Minha principal mudança neste dia...
4. Na Leitura Orante...
5. Palavra aberta...

9.11. Momento celebrativo: Oração final – Deus sempre parte conosco

Motivação

Todo ser humano faz a experiência da partida. As partidas podem acontecer em diversas situações: mudança de cidade, de emprego, de escola, de casa, de bairro, de situações familiares, de condições de vida, de partida de um amigo, de um ente querido... Todas são partidas. O povo de Israel, muito antes de nós, também as vivenciou. Mas houve uma que ficou fortemente registrada na memória do povo e na Bíblia: o exílio na Babilônia.

Texto: Dt 28,47-68 e Mt 2,13-23 – Jesus e seus pais revivem a experiência de exílio, vivida por seu povo.

Canto: "Partidas que transformam".[6]

---
[6] TURRA, Fr. Luiz. *Partidas que transformam*. São Paulo: Paulinas/Comep.

Motivação

Pedir às pessoas que se imaginem indo de Jerusalém à Babilônia. Ao som da música, convidá-las a reviverem a situação e os sentimentos que o povo viveu nesse período, deixando para trás parentes, amigos, as casas, as ruínas das cidades, do Templo e o culto desfeito... Observem no trajeto a natureza ao seu redor, as formas, as cores... Qual é a expectativa que este povo carrega no seu coração, uma vez que encontrarão nova língua, novos costumes, nova cultura, novos valores, novas crenças. Tente lembrar qual a experiência na sua caminhada que mais se assemelha à experiência desse povo. Lembrem-se de que nesta caminhada não estamos sós; mas o mais importante é estarmos bem com nós mesmos.

Partilha espontânea

Podemos partilhar, espontaneamente, aquilo que cada um conseguiu reviver na sua experiência, à luz da experiência do povo da Bíblia.

Canto: "Samba de Orly".[7]

Invoquemos a bênção do Senhor sobre nós

O Senhor nos abençoe e conceda-nos viver na esperança os nossos exílios cotidianos e a acolher com alegria: "Do Egito chamei o meu filho" (Mt 2,15). Do "Egito", ou seja, da escravidão para a liberdade, do desânimo para a coragem, da tristeza para a alegria, das trevas para a luz.

O Senhor abençoe cada um que participou e colaborou com sua partilha e seu serviço neste encontro, para o crescimento de todos nós.

Invoquemos sobre nós e sobre cada ser humano a bênção de Deus: "O Senhor te abençoe e te guarde! O Senhor faça resplandecer o seu rosto sobre ti e te seja benigno! O Senhor mostre para ti a sua face e te conceda a paz!" (Nm 6,24-26).

Bendigamos ao Senhor! Graças a Deus!

---

[7] BUARQUE, Chico. Samba de Orly. CD: *Chico Buarque*. São Paulo: Universal Music, 2005. Faixa 19. (Coleção: Novo Millennium.)

10º encontro

A comunidade renasce ao redor da Palavra

10.1. Preparação do encontro

Leituras indispensáveis

Ler: *A comunidade renasce ao redor da Palavra* (VG 9).

Ler: *Escritos do primeiro período persa*: Levítico 1–7; 11–16; Ageu; Zacarias 1–8; Isaías 56–66; Joel; Salmos: 4; 10; 22; 23; 50; 77; 78; 83; 105–107; 126. *Escritos do segundo período persa:* Rute; Jonas; Provérbio 1–9; Cântico; Salmos: 19; 85; 96–98; 113; 116; 118; 119.

Textos e indicação de cantos

Exercício de síntese; CDs com a indicação dos cantos; olhar retrospectivo; em cada ficha, nome de um dos livros: Rute; Jonas; Cântico dos Cânticos; Joel; Ageu; Orientação para o trabalho de grupos.

Recursos pedagógicos

Linha do Tempo, reproduzida em pano ou papel, conforme a indicação do mapa n. 42, no livro: *Caminhamos na história de Deus* (VG 15); cartolinas brancas; CD de valsa; pincéis atômicos grandes, com cores diferentes; DVD: *Yentl*.

10.2. Sugestão de programa – *A comunidade renasce ao redor da Palavra*

08:00 – Leitura Orante: "Deus, como a aurora, ilumina o justo"

08:50 – Introdução ao tema: período persa

10:00 – Intervalo

10:15 – Dinâmica de formação de grupos: "Estátua"

10:30 – Dinâmica de estudo de temas: "Renascemos na partilha da Palavra"

11:30 – Plenária

12:00 – Almoço

13:00 – Dinâmica de integração: "Palavra e vida circulam em nós"

13:45 – Trabalhos em grupo: "Lutas e sonhos em forma de livros"

14:45 – Plenária

15:15 – Intervalo

15:30 – DVD: *Yentl* (128 min)

17:45 – Momento celebrativo: "Celebrando a Palavra em nossa vida"

18:00 – Conclusão do encontro

10.3. Leitura Orante – Deus, como aurora, ilumina o justo

Motivação

Hoje, nossa Leitura Orante será sobre o Terceiro Isaías, capítulo 58. O livro do Terceiro Isaías foi, provavelmente, escrito no período persa. É, exatamente, este período que vamos estudar, hoje. Já lemos o texto em casa, portanto, sabemos que ele fala dos projetos de reconstrução que os persas têm para as cidades, de modo especial, Jerusalém e o Templo. O texto trata do jejum que agrada a Deus. É um tema propício para nós cristãos.

Recordando os passos da Leitura Orante

Leitura: O que o texto diz? Depois da leitura do texto, pode-se repetir a palavra ou frase do texto que mais chamou sua atenção. Não importa se é a mesma que alguém já falou.

Meditação: O que o texto diz para mim? Aqui, pode-se partilhar por que a palavra ou frase, falada em voz alta ou não, chamou sua atenção.

Contemplação: O que a palavra me levou a experimentar? É o momento de reviver a minha experiência na experiência retratada na palavra, percebendo as moções do Espírito.

Oração: O que o texto me leva a falar com Deus? Falar com Deus em primeira pessoa sobre o que esta palavra suscitou em mim.

Ação: O que a palavra me pede para viver? Escolhe-se um gesto concreto para viver até o próximo encontro.

Oração: Oração ou canto ao Espírito Santo, à escolha.

Texto: Is 58,1-12 – O jejum que agrada a Deus.

Canto: "Indo e vindo, trevas e luz, tudo é graça, Deus nos conduz". (2x)[1]

Canto final: "Clama em alta voz".[2]

Oração: Que o Senhor nos abençoe e nos ajude a viver o jejum que agrada a Deus: a romper com os grilhões da iniquidade, a repartir o pão com o faminto, a recolher os pobres desabrigados, a vestir os nus, a não nos esconder daquele que é de nossa carne. Se fizermos isso, diz o Senhor, a sua luz romperá como a aurora e a sua glória brilhará como nossa retaguarda. Amém.

Bendigamos ao Senhor. Graças a Deus!

---

[1] CNBB. Indo e vindo. CD: *Ofício Divino das Comunidades* – 9; refrões meditativos, cit.

[2] VELOSO, Reginaldo. Clama em alta voz. CD: *Canto do chão*, cit. Faixa 1.

10.4. Introdução ao período persa – *A comunidade renasce ao redor da Palavra*

O título do livro expressa bem a experiência central que o povo viveu nesse período, sob o domínio da Pérsia: *A comunidade renasce ao redor da Palavra*. Sem o Templo, sem o culto, sem o sacerdócio, a comunidade volta-se para a centralidade da Palavra, da observância à lei que se torna também a lei do rei (Esd 7,26). Os escritos desse período, como o Segundo Isaías, veem com bons olhos o domínio de Ciro, rei da Pérsia, porque ele respeita as tradições religiosas dos povos dominados, não dispersa a população. Ele ainda promove as tradições culturais e religiosas, dá liberdade aos exilados de voltarem à sua terra, manda devolver os objetos sagrados que foram levados do Templo de Jerusalém e, até mesmo, ajuda a reconstruí-lo, bem como os muros da cidade. É claro, tudo isso não é feito sem interesses.

O livro mostra, a partir do primeiro tema, os planos econômicos de nosso país, como as tentativas de retomada do crescimento, de contenção da inflação. Do mesmo modo, a Pérsia promove diversos projetos e tentativas de reconstruir a Judeia, que continuava com a cidade, o Templo, os muros em ruínas. Para isso, favoreceu o retorno dos exilados. Conhecemos a caravana de Sasabassar, de Zorobabel, que vieram com o propósito de reconstruir o Templo e a cidade, bem como os escritos que surgiram nesse período, os quais refletem esse contexto. Mais tarde, retornaram outras caravanas com Neemias, Esdras, com o intuito de reconstruírem também a comunidade judaica, e recusaram a participação dos samaritanos. Tudo isso favoreceu a ruptura dos samaritanos, por volta do ano 430 a.E.C. No segundo período persa, surgiram sobretudo os escritos de protesto contra a reforma de Esdras, que excluiu a mulher estrangeira e que exigiu a observância rigorosa da lei. Entre estes escritos temos Ruth, Cântico dos Cânticos, os capítulos centrais do livro de Jó.

10.5. Dinâmica de formação de grupos – Estátua

Motivação

Não nos damos conta de quanto nosso corpo fala. Ele revela nosso estado de espírito, nossa força vital, o estar de bem consigo mesmo, com a vida e com tudo. Quando a cabeça não está boa, é ele que grita. Para os profetas, nenhum movimento era desvinculado de algum sentido. Todo ir e vir tinha uma razão de ser. Então vamos experienciar isso, brincando de estátua.

Objetivos

- Tomar consciência das possibilidades do próprio corpo.
- Espelhar o nosso ir e vir na objetividade e sentido vividos pelos profetas, os sábios do povo.

Material

Aparelho de CD – música de valsa.

Descrição da dinâmica

Colocar a música por uns três minutos. Convidar os participantes a se movimentarem, individualmente, ao som da música. Orientar os participantes a permanecerem na posição *estátua* no momento em que a música parar. Formar 5 grupos de acordo com as seguintes posições: joelho direito dobrado (1º tema); braço esquerdo para baixo (2º tema); cabeça inclinada para a frente (3º tema); braço direito levantado (4º tema) e os dois braços na mesma direção (5º tema).

Conclusão

Como foi a participação nesta dinâmica? Encaminhar os grupos para os locais de estudo.

10.6. Dinâmica de estudo dos temas – Renascemos na partilha da Palavra

Motivação

Em todo o processo de aprendizado somos convidados a organizar os conhecimentos adquiridos, em vista do crescimento pessoal, harmonioso e prático. Aprender a fazer uma síntese, um esquema daquilo que lemos, estudamos, é de grande importância para a profissão e, sobretudo, para a missão para a qual estamos nos preparando.

Objetivos

- Organizar ideias sobre o conteúdo estudado em grupo.
- Crescer na interação do pensar juntos.

Material

- Folhas de papel em branco.
- Pincéis atômicos de cores variadas.

Descrição da dinâmica

Estudar o tema proposto. Em seguida, fazer um esquema para ele, evidenciando: ideia central, ideias secundárias com títulos e subtítulos. Cada grupo apresentará no plenário o tema por meio do esquema elaborado.

Conclusão

Partilha da experiência vivida.

10.7. Dinâmica de integração – *Palavra e vida circulam em nós*

Motivação

Nós levamos para onde vamos nossos limites e nossas qualidades. Esses limites e essas qualidades são percebidos pelas nossas atitudes, nossas palavras e nosso comportamento. Se a ressonância é positiva, os efeitos são estimuladores para o bem e formam uma corrente que ultrapassa o espaço e o tempo. Por isso, ainda hoje, são lembradas as lideranças do povo de Israel: os patriarcas e as matriarcas, os profetas e as profetisas, Esdras, Neemias e tantos outros.

Objetivos

- Crescer na consciência de nossa responsabilidade, como cristãos.
- Reconhecer os próprios dons, cultivá-los e disponibilizá-los.
- Reorientar para o bem nossas inclinações e tendências.

Descrição da dinâmica

Formar dois círculos concêntricos com número menor de pessoas no círculo interno. Os participantes ficam em círculo e de pé. No grupo interno, sucessivamente cada um vai colocando a mão direita sobre o ombro do colega, enquanto fala uma qualidade necessária a quem exerce a missão de liderança, e dá um passo à direita. O círculo externo faz ressonância da palavra, estende a mão esquerda sobre o ombro da pessoa à sua esquerda e dá um passo à esquerda. Terminado este momento, os dois grupos darão um passo na direção do centro, enquanto cada um fala a qualidade que precisa reforçar em si mesmo, para que seja um bom líder.

Dar mais um passo em direção ao centro, dizendo uma qualidade que o grupo tem de reforçar como grupo. Ir se afastando até formar um único grupo de mãos dadas, produzindo uma corrente de energia, expressa por um toque que percorrerá todo o grupo. Apertar a mão de quem está a sua direta e, assim que sentir o toque, fazer o mesmo com o colega ao lado, de maneira que esse toque circule por todo o grupo, até retornar ao coordenador. Partilhar essa energia com um abraço nos colegas.

Conclusão

Foi possível sentir a energia do grupo? Dizer uma palavra que expresse o seu sentimento.

10.8. Filme: *Yentl*[3]

O período persa sucede à dominação da Babilônia sobre a terra de Israel. O povo continua ainda fora da sua terra, mas tenta salvar suas tradições culturais e religiosas, centrando-se ao redor da lei. Esdras e Neemias são duas lideranças de cunho político-religioso, que se destacam neste período. Eles adotam uma linha fechada às tradições culturais e religiosas dos povos estrangeiros, impedindo casamentos mistos. O filme *Yentl* apresenta a dificuldade da mulher judia em driblar as leis que a impedem de estudar a Torá.

A persistência e a garra de Yentl vencem as barreiras da lei, e ela chega a realizar o seu sonho. Que dificuldades Yentl enfrentou e superou para realizar o seu sonho?

10.9. Trabalho em grupos – Lutas e sonhos em forma de livros

Motivação

A experiência do povo nesse período, sob a chefia de Esdras, foi de submissão à lei de Deus, que na verdade se tornou também a lei do Estado. O livro de Esdras 7,26 diz: "Todo o que não observar a lei de teu Deus – que é a lei do rei – será castigado rigorosamente: com a morte ou desterro, com multa ou prisão". Imaginem vocês como ficou a cabeça do povo! Alguns ficaram confusos, outros conformados! Muitos, até mesmo, contestaram essa identificação da lei de Deus com a lei do rei. Tudo isso se reflete nos escritos que nasceram nessa época.

---

[3] *YENTL*. Direção: Barbra Streisand. Milano – Itália, 1983. 1 DVD (128 min aprox.), "son", "color". Línguas: italiano, inglês, francês, alemão e espanhol. Áudio em espanhol. Legendas em português.

Refrão: Eis-me aqui Senhor, eis-me aqui, Senhor, pra fazer tua vontade, pra viver do teu amor. / Pra fazer tua vontade, pra viver do teu amor, eis-me aqui, Senhor.[5]

Invoquemos a bênção do Senhor sobre nós

O Senhor nos abençoe e nos conceda a graça de sermos ouvintes e praticantes da Palavra, e de estarmos construindo a nossa casa interior sobre a rocha. Podem vir os ventos das dificuldades e as enxurradas de problemas, mas ela não cairá porque está construída sobre a rocha da fé, Jesus Cristo.

O Senhor abençoe a cada um que participou e colaborou neste encontro.

Invoquemos sobre nós e sobre cada ser humano a bênção de Deus:

"O Senhor te abençoe e te guarde! O Senhor faça resplandecer o seu rosto sobre ti e te seja benigno! O Senhor mostre para ti a sua face e te conceda a paz!" (Nm 6,24-26).

Bendigamos ao Senhor! Amém.

---

[5] PEQUENOS Cantores de Apucarana. Eis-me aqui, Senhor. CD: *Tua palavra permanece*, cit. Faixa 20.

10.11. Momento celebrativo: Oração final – Celebramos a Palavra em nossa vida

Motivação

Dando um olhar retrospectivo ao nosso dia, desde o início das nossas atividades, verificamos que, na Leitura Orante, trabalhamos Isaías 58. Nossa atenção voltou-se para a importância do jejum, acompanhado de uma coerência de vida, ou seja, que ele parta da sinceridade de nosso coração. Durante o dia, trabalhamos de modo especial os temas que o período persa nos ofereceu, os projetos de reconstrução dos muros, da cidade, do Templo. É essencial que haja projetos que visem ao bem comum, e não respondam ao interesse de alguns.

Canto: "Comece".[4]

Texto: Neemias 5,1-8 e Mateus 7,24-27 – Casa construída sobre a rocha.

Reflexão

O período persa nos proporcionou a reflexão a respeito do período histórico, sobre os projetos da reconstrução da cidade, do Templo, dos muros. Mas não é somente um império que faz projetos! Também nós o fazemos, naquilo que supõe um empreendimento. Há projetos pessoais, comunitários, apostólicos. Neste momento poderíamos pensar em algum dos nossos projetos. Pode ser em nível pessoal, profissional ou apostólico.

Depois de um tempo de silêncio, quem o desejar poderá partilhar sobre algum projeto bem-sucedido, ou mesmo malsucedido.

Quais são os meus projetos pessoais que deram certo ou não? Transforme a sua reflexão numa oração de louvor, de súplica ou pedido de perdão.

---

[4] TREVISOL, Jorge. Comece. CD: *Mistério, amor e sentido*. São Paulo: Paulinas/Comep, 1987. Faixa 2.

10.10. Exercício de síntese – *A comunidade renasce ao redor da Palavra*

(As questões são respondidas individualmente.)

1. As mudanças dos planos econômicos, em nosso país, trouxeram benefícios ou transtornos para você e/ou sua família? Explique.

2. Quais eram os interesses do império persa nos seus projetos de reconstrução de Judá?

3. Confira e transcreva os títulos que Ciro recebe, em Isaías 45,1; 44,28, e explique:

    a) a quem eram dados esses títulos na tradição do povo judeu?

    b) por que Ciro é tratado com tanta consideração pelo profeta e pelo povo de Israel?

4. Ler o livro de Neemias e responder:

    a) sobre a situação de Judá que transparece em Ne 1,1-10:

    b) qual foi a importância da primeira missão de Neemias, em Judá (cf. Ne 2,11-20):

    c) qual foi o objetivo da segunda missão de Neemias, em Judá (cf. Ne 13,4-31):

    d) quais resistências e dificuldades surgiram na reconstrução de Judá (cf. Ne 3,33–7,3; Esd 4,1-23):

    e) o que foi feito para a reconstrução da comunidade judaica (cf. Ne 7,4–13,3)

5. Transcrever Esdras 7,26 e apontar as consequências que essa lei trouxe para as pessoas e a sociedade desse período (cf. Esd 9–10).

Objetivos

- Proporcionar elementos para análise do período persa.
- Questionar a identificação das leis do Estado com as leis de Deus.

Material

Fichas com os nomes dos livros: Rute, Jonas, Cântico, Joel e Ageu; questões para o trabalho em grupo.

Descrição da dinâmica

Os subgrupos serão os mesmos formados na parte da manhã. Cada um deles receberá, por sorteio, o nome do livro bíblico que será aprofundado e a orientação para o trabalho. Cada grupo criará a modalidade de apresentar o conteúdo do livro bíblico estudado.

Orientação para o estudo em subgrupos

- Ler o livro sorteado.
- Escolher nele uma parte a ser apresentada de forma criativa, em plenária.

Responder:

- Em que sentido este escrito pode ser considerado um escrito de resistência no contexto do período persa?
- Aponte dois elementos que o autor do livro contesta nesse período.

Conclusão

Partilha da experiência vivida.

11º encontro
Fé bíblica: uma chama brilha no vendaval

11.1. Preparação do encontro

Leituras indispensáveis

Ler: *Fé bíblica: uma chama brilha no vendaval* (VG 10).

Ler: *Escritos do período greco-helenista – Ptolomeus:* Zacarias 9–14; Malaquias; 1-2 Crônicas; Neemias; Esdras; Ester; Eclesiastes; Isaías 24–27; Salmos: 73; 139; *Escritos do período greco-helenista – Selêucidas:* Tobias; Eclesiástico; Judite; Salmos: 44; 74; 86; 91.

Textos e indicação de cantos

Exercício de síntese; CDs com a indicação dos cantos; olhar retrospectivo.

Recursos pedagógicos

Linha do Tempo, reproduzida em pano ou papel, conforme a indicação do mapa n. 42, no livro: *Caminhamos na história de Deus* (VG 15). Faixas com os nomes dos temas do livro: *Fé bíblica: uma chama brilha no vendaval*; balões em cinco cores diferentes para cada participante; barbante: um pedaço de 60 cm para cada participante; cartolinas brancas; pincéis atômicos em cores diferentes; papel ofício; canetas hidrocor pequenas; DVD: *Anel de Tucum*.

11.2. Sugestão de programa – *Fé bíblica: uma chama brilha no vendaval*

08:00 – Leitura Orante: "O olhar do Senhor nos conduz"

08:50 – Introdução ao tema: período greco-helenista

09:15 – Dinâmica de formação de grupos: "Balões"

09:30 – Dinâmica de estudo dos temas: "Damos à Palavra novas expressões"

09:45 – Intervalo

10:00 – Estudo do 1º Tema

10:30 – Estudo do 2º Tema

11:00 – Estudo do 3º Tema

11:30 – Estudo do 4º Tema

12:00 – Estudo do 5º Tema

12:30 – Almoço

13:30 – Plenária

14:00 – Dinâmica de integração: "Mil qualidades repousam em nós"

14:50 – DVD: *Anel de Tucum* (70 min)

16:00 – Intervalo

16:15 – Exercício de síntese

17:00 – Momento celebrativo: "Nenhum vendaval apaga a chama da fé"

17:45 – Olhar retrospectivo

18:00 – Conclusão do encontro

11.3. Leitura Orante – O olhar do Senhor nos conduz

Motivação

O Salmo 139 tem como provável contexto histórico o helenista. Um período de muito conflito cultural e religioso, sobretudo, no período do domínio dos selêucidas da Síria, com Antíoco IV Epífanes. Este Salmo reflete a preocupação do religioso fiel, ao qual, num contexto de conflito religioso, pode surgir a dúvida: "Será que a situação está assim por que eu falhei? Será por que eu pequei?". Daí o Salmista se lança confiante no coração de Deus: "Senhor, tu me sondas e me conheces... Vê se não ando por um caminho fatal e conduze-me pelo caminho eterno".

Recordando os passos da Leitura Orante

Leitura: O que o texto diz? Depois da leitura do texto pode-se repetir a palavra ou frase do texto que mais chamou sua atenção. Não importa se é a mesma que alguém já falou.

Meditação: O que o texto diz para mim? Aqui, pode-se partilhar por que a palavra ou frase, falada em voz alta ou não, chamou sua atenção.

Contemplação: O que a palavra me levou a experimentar? É o momento de reviver, na experiência retratada na palavra, a minha experiência, percebendo as moções do Espírito.

Oração: O que o texto me leva a falar com Deus? Falar com Deus em primeira pessoa, sobre o que esta palavra suscitou em mim.

Ação: O que a palavra me pede para viver? Escolhe-se um gesto concreto para viver até a próxima Leitura Orante.

Refrão: Onde reina o amor, fraterno amor, onde reina o amor, Deus aí está.[1]

Canto: "Povo novo".[2]

Texto: Salmo 139.

---

[1] TAIZÉ. Onde reina o amor. CD: *Coração confiante*, cit.
[2] VICENTE, José. Povo novo. CD: *Coletânea*, cit. Faixa 7.

Canto final: "Idolatria",[3] ou outro que expresse o conflito cultural.

Oração: Que o Senhor nos abençoe e nos ajude a respeitar o nosso corpo e o corpo dos outros, como morada de Deus, templo do Espírito Santo, podendo dizer: "Que maravilha sou eu, Senhor, e quão maravilhosas são as vossas obras". Glória ao Pai, glória ao Filho, glória ao Espírito Santo. Amém.

11.4. Introdução ao período greco-helenista – *Fé bíblica: uma chama brilha no vendaval*

O livro *Fé bíblica: uma chama brilha no vendaval* retrata o período mais difícil que o povo viveu na sua história. O próprio título e a ilustração da capa mostram a grande crise que sacudiu o povo como num grande vendaval, mas sentiu-se sustentado pela fé no Deus UM. A menorá, candelabro de sete braços, é um dos símbolos de fé e resistência desse povo.

O grande problema de fundo, que perpassa todo o período greco-helenista, é o conflito cultural e religioso. Ao contrário dos persas, não respeitaram as tradições culturais e religiosas, querendo impor suas práticas, o que gerou constantes conflitos e revoltas, até chegar a um confronto armado no tempo dos Macabeus, por volta de 167 a.E.C. Antíoco IV Epífanes provocou ao máximo a oposição dos judeus, quando tentou empreender uma helenização massiva no território da Judeia. Em 134, com a morte de Simão Macabeu, os seus descendentes deram início à dinastia Asmoneia. Já um pouco antes haviam conseguido, depois de muita resistência, por um pequeno período, a independência, de 142 a 76 a.E.C. Não demorou muito os romanos começaram a despontar no horizonte e em 63 a.E.C. dominaram a região.

---

[3] OLIVEIRA, José Fernandes de (Pe. Zezinho, scj). Idolatria. CD: *Meu irmão crê diferente*. São Paulo: Paulinas/Comep, 1987. Faixa 6.

No período greco-helenista, sob o domínio dos Ptolomeus, surgiram os seguintes escritos: 1-2 Crônicas, Esdras e Neemias, parte do livro de Zacarias (9–14); Malaquias; alguns capítulos de Isaías (24–27; 34–35); Joel (3–4); Eclesiastes; Ester; alguns Salmos. Crônicas faz uma releitura da monarquia no Reino de Judá, enaltecendo-a. Os pecados de Davi não são mencionados. Esdras e Neemias retratam o contexto da volta do exílio e imprimem em seus escritos um grande rigorismo, a partir das tradições judaicas.

Eclesiastes e Ester defendem a identidade judaica. Malaquias critica o rigorismo de Esdras e, em outros momentos, parece estar de acordo. Os capítulos de Isaías e Joel já apresentam uma perspectiva apocalíptica. Nessa mesma perspectiva segue um pouco mais tarde Daniel, já no período dos selêucidas, quando nascem também o 1-2 Macabeus e diversos salmos.

11.5. Dinâmica de formação de grupos – Balões

Motivação

O povo de Israel viveu muitas dominações de diferentes povos e culturas. Mas a dominação greco-helenista foi a que trouxe maiores dificuldades para conviver com a diferença cultural, porquanto os helenistas quiseram impor o seu estilo de vida e cultura ao povo judeu. Todos nós, como eles, vivemos, em maior ou menor proporção, dificuldades para conviver com o diferente. E, de certa forma, para sobreviver precisamos ter jogo de cintura, e, em certos momentos, até lutar para defender o que é nosso.

Objetivos

- Criar consciência da necessidade de conservar o que lhe é próprio.
- Possibilitar o confronto na defesa daquilo em que a pessoa acredita.
- Viabilizar a formação de grupos de estudo.

Material

- Aparelho de CD.
- CDs de música.
- Balões de cinco cores diferentes.
- Fichas com os temas do VG 10.
- Pedaços de barbante de 60 cm.

Descrição da dinâmica

Colocar dentro de cada balão as fichas com os nomes dos temas. Distribuir os balões para os participantes. Cada qual infla o seu balão e o amarra no tornozelo. Incentivar os participantes a defenderem o seu balão e a estourarem o de seus colegas. Cada participante pegará um papel que terá caído do balão estourado. Formar os grupos de estudo de acordo com o tema das fichas caídas dos balões estourados. A pessoa que receber a indicação dos horários é convidada a coordenar o grupo.

Conclusão

Como eu defendi o meu balão? O que na minha vida eu defendo com tanto entusiasmo?

11.6. Dinâmica de estudo dos temas – Damos à Palavra novas expressões

Motivação

Cada povo carrega uma cultura que lhe é característica: no modo de viver, pensar, agir e sentir. Ao mesmo tempo, a diversidade de culturas é uma riqueza, mas pode tornar-se também uma dificuldade quando ela é imposta. Foi o que aconteceu com o povo de Israel no período greco-helenista. Ainda que haja diversidade de manifestações culturais, dentro do mesmo país, cada pessoa assimila do seu jeito os mesmos conteúdos oferecidos a todos, pois a experiência de vida é diferente e os interesses são diversificados.

Objetivos
- Trabalhar a capacidade de síntese.
- Formular, por escrito, os conteúdos socializados no subgrupo.
- Perceber a riqueza das diversas maneiras de assimilação.

Material
- Folhas de papel em tamanho maior para as sínteses.
- Pincéis atômicos de cores diferentes para cada grupo.
- Aparelho de CD.
- CD de música instrumental.

Descrição da dinâmica

1º Momento
Todos os subgrupos leem o mesmo tema simultaneamente. Cada subgrupo registra, na folha entregue pelo coordenador, a frase-síntese do conteúdo estudado de cada tema. Esta síntese deve ser escrita com a cor do pincel atômico que cada grupo escolheu. A folha de cada tema deve circular em todos os grupos, após o seu estudo. O tempo previsto para o estudo de cada tema é de 30 minutos.

2º Momento
Exposição dos cartazes e partilha das respostas.

Revisão e complementação dos conteúdos dos grupos e do coordenador, quando isso se fizer necessário.

Conclusão
Partilhar a experiência vivida.

11.7. Dinâmica de integração – Mil qualidades repousam em nós

Motivação

Diante de um mundo globalizado, é desafiador manter a própria identidade, tanto a pessoal como a grupal, de um povo como nação. No período greco-helenista, sobretudo, o povo de Israel também viveu um grande conflito para manter a própria identidade cultural e religiosa. O mesmo pode acontecer conosco, como pessoas, grupos e nação.

Objetivos

- Perceber-se como ser único.
- Tomar consciência da própria identidade.
- Defender os valores nos quais acredita.

Material

- Papel ofício.
- Canetas hidrocor.
- Aparelho de CD.
- CDs de música.

Descrição da dinâmica

Pedir aos participantes que desenhem uma pessoa de frente, da cabeça aos pés. Convidá-los a familiarizarem-se com a figura desenhada, observando sua fisionomia: se está alegre ou triste, sua postura, dar-lhe um nome, uma nacionalidade. Pensar no relacionamento que tem com esta pessoa.

Desenhar um balão saindo da cabeça dessa figura, com três ideias que ninguém poderá demover.

Fazer um balão saindo da boca da figura desenhada, com uma frase que precisa ser dita e ainda não expressa.

Fazer um balão saindo do coração, com três desejos que não vão se extinguir.

Escrever na mão direita um sentimento de gratidão pela pessoa que o iniciou na caminhada cristã.

Escrever na mão esquerda algo que tem necessidade de receber para o seu crescimento pessoal.

Escrever no pé esquerdo uma dificuldade da qual foi difícil sair.

Escrever no pé direito os passos que tem de dar em relação à sua caminhada.

Escrever no verso da folha as semelhanças e as diferenças entre o desenho e o artista que o fez.

Conclusão

Partilha espontânea.

- Quais são suas três ideias que ninguém pode demover?
- Qual sentimento tem para oferecer?

11.8. Filme: *Anel de Tucum*[4]

O período greco-helenista foi um mais conflituosos que o povo de Israel já viveu na sua história, sobretudo, no tempo dos Selêucidas, com Selêuco IV Epífanes. Ele tentou helenizar a cultura judaica. Houve adesões, mas muita resistência, de modo especial pelos Macabeus. Para fazer uma analogia com esse período, foi escolhido o filme *Anel de Tucum*, que mostra o conflito que há entre grandes e pequenos, cidade e campo, vida e fé. O que anima uns e outros para sustentá-los na sua busca?

---

[4] *ANEL de Tucum*. Direção: Conrado Berning. São Paulo: Verbo Filmes, 1994. 1 DVD (70 min), son., color. Idioma: português.

11.9. Exercício de síntese –
Fé bíblica: uma chama brilha no vendaval

(As questões são respondidas individualmente.)

1. Escrever sobre o que você considera mais importante na herança de sua tradição cultural e familiar.

2. Descrever, em síntese, o que você conhece sobre a cultura grega e o que ela significa para a humanidade.

3. Inteirar-se sobre o que é a Decápole: origem, localização, cultura e importância.

4. Ler o Primeiro Livro de Macabeus 1,10-64 e elencar as tentativas de helenização dos judeus, sobretudo, por parte de Antíoco IV.

5. Quais foram as formas de resistência dos judeus à imposição cultural e religiosa helenista, segundo o Primeiro Macabeus, de 2–16.

6. Quais são as justificativas que o Segundo Livro de Macabeus 1,1–10,8 dá à festa da celebração da Dedicação do Templo?

7. O que mais chamou sua atenção sobre o período greco-helenista?

8. Há alguma semelhança entre o período greco-helenista e o nosso contexto atual? Explique.

11.10. Momento celebrativo: Oração final –
Nenhum vendaval apaga a chama da fé

Motivação

Refletimos, durante este dia, sobre o período greco-helenista, que dominou na terra de Israel. Nós nos damos conta de quanto foi sofrido, para o povo de Israel, a imposição cultural helenista, com as frequentes tentativas de impor práticas culturais e religiosas a um povo que já tinha consolidado suas tradições? O mesmo aconteceu em nossa história como povo, desde os seus inícios: índios, europeus, africanos. Nós mesmos, na tradição que cada um carrega, sentimos ter sofrido alguma forma de dominação cultural, religiosa? Vamos fazer uma pausa e colocar-nos no lugar do povo de ontem e de hoje. Ou mesmo trazer à memória a nossa própria experiência. (*Pausa.*)

Canto: "Louvação à Mariama".[5]

Texto bíblico: 2Mc 6,18-31 – O martírio dos sete irmãos.

Reflexão

- O que chamou mais a sua atenção nesta narrativa?
- Em minha vida existem valores pelos quais eu me arriscaria até a morte?
- Qual é a força que sustenta esses valores?
- Conheço alguma pessoa que sofreu ou morreu para defender os valores de sua vida?

Canto: "Em nome de Deus".[6]

11.11. Olhar retrospectivo

Invoquemos a bênção do Senhor sobre nós

O Senhor nos abençoe e nos conceda alegria e confiança nele, que sonda e conhece o nosso sentar e levantar, o nosso andar e deitar; conhece os nossos pensamentos e todos os nossos caminhos lhe são familiares. Vê se não andamos por um caminho fatal e conduze-nos pelo caminho eterno. O Senhor abençoe de modo especial a cada um que participou e colaborou neste encontro.

---

[5] NASCIMENTO, Milton. Louvação à Mariama. CD: *Missa dos Quilombos*, cit. Faixa 10.

[6] Ibid. Faixa 2.

E agora, estendendo as nossas mãos sobre o grupo, invoquemos sobre nós e sobre cada ser humano a bênção de Deus: "O Senhor te abençoe e te guarde! O Senhor faça resplandecer o seu rosto sobre ti e te seja benigno! O Senhor mostre para ti a sua face e te conceda a paz!" (Nm 6,24-26).

Bendigamos ao Senhor! Amém.

12º encontro

Sabedoria na resistência

12.1. Preparação do encontro

Leituras indispensáveis

Ler: *Sabedoria na resistência* (VG 11).

Ler: *Comunidades cristãs da diáspora*: 1 Tessalonicenses; Filipenses; Gálatas; Filêmon; 1-2 Coríntios; Romanos.

Textos e indicação de cantos

Exercício de síntese; CDs com a indicação dos cantos; olhar retrospectivo.

Recursos pedagógicos

Linha do Tempo reproduzida em pano ou papel, conforme a indicação do mapa n. 42, no livro: *Caminhamos na história de Deus* (VG 15). Figuras com os símbolos que correspondem aos temas: os mapas do Brasil e de Israel (1); pirâmide (2); menorá (3); pergaminho (4); folha de papel ofício; canetas hidrocor pequenas; cestinha; DVD: *Bíblia ontem e hoje*.

12.2. Sugestão de programa – *Sabedoria na resistência*

08:00 – Leitura Orante: "Toda a sabedoria vem de Deus"

08:50 – Introdução ao tema: Romano

10:10 – Intervalo

10:30 – Dinâmica de formação de grupos: "Ninguém basta a si mesmo"

10:40 – Dinâmica de estudo dos temas: "Integrando conhecimentos"

11:30 – Retorno ao grupo de origem

12:30 – Almoço

13:30 – Dinâmica de integração: "Consciência de grupo"

14:00 – Plenária

14:30 – DVD: *Bíblia ontem e hoje* (70 min)

15:45 – Intervalo

16:00 – Estudo em grupos – textos bíblicos: "Lidando com as diferenças"

17:00 – Momento celebrativo: "Nova luz sobre as marcas da história"

18:00 – Conclusão do encontro

12.3. Leitura Orante – Toda sabedoria vem de Deus

Motivação

Hoje entramos no período da dominação romana. Um período, até certo sentido, mais conflituoso do que o período greco-helenista. No período romano houve duas grandes revoltas do povo contra o poder opressor, no ano 70 e 132 da E.C. Por volta do ano 50 a.E.C., surge o último livro do Primeiro Testamento, o livro da Sabedoria, escrito em grego. Escolhemos o capítulo 9,1-18 que traz o título *Oração para obter a sabedoria*. E esta oração é atribuída a Salomão e inspira-se nos textos: 1Rs 3,6-9 e 2Cr 1,8-12. Já sabemos que muitos escritos são conferidos a Salomão, mas não é ele o autor deles. Atribuir algum escrito a um personagem importante dava-lhe valor e suscitava interesse.

Recordando os passos da Leitura Orante

Leitura: O que o texto diz? Depois da leitura do texto, pode-se repetir a palavra ou frase que mais chamou sua atenção. Não importa se é a mesma que alguém já falou.

Meditação: O que o texto diz para mim? Aqui, pode-se partilhar por que a palavra ou frase, falada em voz alta ou não, chamou sua atenção.

Contemplação: O que a palavra me levou a experimentar? É o momento de reviver, na experiência retratada na palavra, a minha experiência, percebendo as moções do Espírito.

Oração: O que o texto me leva a falar com Deus? Falar com Deus em primeira pessoa sobre o que esta palavra suscitou em mim.

Ação: O que a palavra me pede para viver? Escolhe-se um gesto concreto para vivenciar, até a próxima leitura orante.

Oração: Oração ao Espírito Santo ou canto: "Divina Fonte".[1]

Refrão: Que sabedoria é esta, que vem do meu povo? É o Espírito Santo, agindo de novo. (bis)[2]

Texto bíblico: Sab 9,1-18 – Oração para obter a sabedoria.

A sabedoria, em todas as tradições culturais, nasce do chão da vida, da experiência; depois ela se institucionaliza, como no caso dos sábios da corte, que são também os escribas. Na tradição cristã, a sabedoria é um dos dons do Espírito Santo. Todos necessitamos do dom da sabedoria para saber discernir o que é o melhor para nós, para a comunidade, em cada momento.

Canto: "Palavra certa".[3]

---

[1] TREVISOL, Jorge. Divina Fonte. CD: *Amor, mística e angústia*, cit.
[2] JOSÉ, Aurimar; SILVA, Cleber da. *Que sabedoria é esta*. Paulinas/Comep.
[3] OLIVEIRA, José Fernandes de (Pe. Zezinho, scj). Palavra certa. CD: *Missa: fazedores da paz*. São Paulo: Paulinas/Comep, 1994. Faixa 3.

Oração: Que o Senhor nos abençoe e nos conceda o dom da sabedoria, para discernirmos o que é melhor a cada momento, para a construção do Reino de Deus, aqui e agora. Amém.

Bendigamos ao Senhor. Graças a Deus!

12.4. Introdução ao período romano – *Sabedoria na resistência*

Sabedoria na resistência fala sobre o início da dominação romana, na terra de Israel. Uma das formas de o povo resistir é fazer festa. Na capa do livro temos a ilustração da festa de Purim. A palavra Purim vem do hebraico e significa "sorte". Lembra os acontecimentos narrados no livro de Ester, do período persa. O Purim era uma festa profana, que levava o povo a beber até não distinguir mais entre a maldição de Aman e a bênção de Mardoqueu. Aman era general do exército persa e queria eliminar a comunidade judaica; Mardoqueu era tio de Ester, que lhe dá todo apoio para vencer o inimigo pela astúcia. Em 2 Macabeus 15,36 há referência a esta festa.

Roma utilizou três instrumentos para subordinar o povo: a força bruta do exército, os tributos e uma complexa e eficiente estrutura estatal. O exército romano era dividido em legiões (Mc 5,9; Lc 8,30). Cada legião tinha de 5 a 6 mil homens, comandados por 59 centuriões (Mt 8,5). Sua missão era defender as fronteiras, controlar as rebeliões e manter a ordem, assegurar a cobrança de impostos e garantir a ideologia da *Pax Romana*. O que era a *Pax Romana* ou Paz Romana? Era uma espécie de Doutrina da Segurança Nacional, que no Brasil vivemos no tempo da ditadura militar. É a imposição da "paz" pela força da repressão. As inúmeras guerras civis haviam acabado com a economia do império. Era preciso legitimar e expandir o domínio romano no mundo, favorecer o comércio internacional, garantir a cobrança tranquila de impostos e tributos, intensificar a concentração da riqueza e do poder em

Roma. É claro que o resultado da *Pax Romana* é a escravização crescente dos povos dominados. De um lado, havia excesso de luxo, insensibilidade, alienação e, de outro lado, sofrimento e revolta.

Os tributos continuam sendo ainda hoje uma forma sutil de subjugar os povos, e atualmente levam o nome de Fundo Monetário Internacional (FMI), Banco Mundial (BM). Eles impõem condições, limitam a liberdade do povo, impedem o crescimento e a autonomia do país vassalo. No evangelho de Mc 12,14, os herodianos e fariseus querem colocar Jesus em situação constrangedora, perguntando-lhe se era lícito pagar imposto a César, ou seja, ao Império Romano.

Outra modalidade de subjugar o povo é a administração do Estado nos países dominados. Existia uma lista enorme de cargos e títulos, com jurisdição, grau de competência e prestígios próprios. Havia o imperador, o senado, o cônsul, o procônsul, o magistrado, o litor, o politarca, o estratego, o etnarca, o tetrarca, o procurador, o legado, o prefeito, o governador. Muitos destes cargos e funções havia também nos países dominados. As autoridades locais eram o braço do poder estendido que exigia submissão e reprimia as rebeliões do povo.

Uma das autoridades locais, que se impôs durante muito tempo, foi Herodes, o Grande, que se projetou pela ampliação do Templo, pelas fortalezas, pela adesão à cultura helenista, pela repressão forte aos inimigos. Mas tudo isso não era gratuito, pois, ampliando o Templo, ele valorizava o culto e ganhava para si o povo; construindo as fortalezas, controlava as possíveis revoltas; matando os inimigos, selecionava os seus herdeiros; apoiando a cultura helenista, aparecia diante do mundo; e servindo fielmente a Roma, conservava-se no poder.

Após a morte de Herodes, o reino foi dividido entre os seus filhos: Arquelau ficou com a Judeia, Idumeia e Samaria; Antipas, com a Galileia e a Pereia, e Filipe, com a Traconítide e a Itureia.

Jesus e as primeiras comunidades cristãs viveram sob o seu domínio. Conviveram com Jesus e as primeiras comunidades cristãs diversos grupos de cunho religioso e político, como os fariseus, os saduceus, os zelotas, os escribas, os herodianos e outros.

12.5. Dinâmica de formação de grupos – Ninguém basta a si mesmo

Motivação

Nenhuma pessoa é uma ilha. Todos já nascemos da união de duas pessoas. E muito cedo sentimos necessidade de criar relações. Nascem, então, os diferentes grupos por necessidade, por afinidades, por interesses, possibilidades etc. Conhecemos, assim, os grupos: familiar, social, estudantil, religioso, o grupo dos sem-terra, o dos amigos do bairro e assim por diante. Não foi diferente a experiência de Israel, no tempo de Jesus. Vamos encontrar o grupo dos fariseus, saduceus, escribas, herodianos, samaritanos e outros. Neste momento, vamos formar os grupos para estudar esse período.

Objetivos

- Crescer na integração.
- Compartilhar os diferentes enfoques sobre o mesmo conteúdo.

Material

- Figuras.
- Mapas do Brasil e de Israel.
- Pirâmide.
- Menorá.
- Pergaminho.

Descrição da dinâmica

Distribuir entre os participantes as figuras: mapas do Brasil e de Israel, pirâmide, menorá, pergaminho. Os subgrupos serão formados a partir desses símbolos.

Conclusão

Encaminhar os subgrupos aos respectivos locais de estudo.

12.6. Dinâmica de estudo dos temas – Integrando conhecimentos

Motivação

Na história de todos os povos houve dominadores, dominados e grupos que resistiram à dominação. Em nossa história aconteceu o mesmo, desde as nossas origens com os índios e africanos. Muito antes de nós, próximos à vinda de Jesus, os romanos dominaram a terra de Israel. Nela também surgiram grupos de resistência. Esta história, vamos partilhar e aprofundar no estudo que vamos fazer agora.

Objetivos

- Socializar os conteúdos estudados individualmente.
- Aprofundar o próprio conhecimento a partir do conhecimento do outro.

Material

O livro: *Sabedoria na resistência* (VG 11).

Descrição da dinâmica

1º Momento

Cada grupo estudará o tema que lhe coube. Comunicar a todos que cada participante será multiplicador do conhecimento no grupo que será formado posteriormente. No início do estudo do tema, pedir que os membros de cada subgrupo se enumerem de 1 a 4. Caso forem mais pessoas, repetem-se os números.

2º Momento

Formar novos grupos, conforme o número recebido. Assim teremos quatro novos grupos formados pelos números: 1, 2, 3, 4, em que cada membro partilhará o conteúdo estudado no grupo inicial.

3º Momento

Plenária para partilhar a experiência vivida e esclarecimento de dúvidas.

12.7. Dinâmica de integração – Consciência de grupo

Motivação

Nosso corpo é formado por muitos membros. Cada um exerce uma função importante e indispensável. Paulo usou esta imagem para falar da Igreja, o corpo de Cristo (1Cor 12). Nela, cada membro é muito importante para o crescimento e a caminhada da comunidade. O mesmo podemos dizer do nosso grupo: cada qual desempenha sua missão e soma no crescimento do todo. Ninguém está aqui por acaso.

Objetivos

- Criar consciência de sua importância em grupos.
- Estabelecer um clima de confiança recíproca.

Material

- Papel e canetas pequenas de hidrocor para cada pessoa.
- Aparelho de CD.
- CDs de música.

Descrição da dinâmica

Formar grupos de seis a dez pessoas. Cada participante recebe uma folha de papel, canetas hidrocor e, bem afastados uns dos outros, desenha uma parte do corpo humano. Em seguida, os participantes de cada grupo se reúnem novamente e tentam montar um boneco a partir do que desenharam (provavelmente, haverá muitos pés, muitas mãos e cabeças e nenhuma perna, braço ou olho etc.). O representante do grupo pergunta, então:

- Qual a semelhança e a diferença entre o boneco que montaram e o próprio grupo?
- Quando nosso grupo não tem perna, ou braço, ou olho, ou coração etc., o que acontece?
- Quando o grupo tem as partes que foram mais desenhadas como perna, braço, olho, coração etc., como podemos mudar esta situação no grupo? Dar exemplos concretos.

Unificar os grupos, formando um único boneco, observando as partes excedentes, faltantes, caracterizando o próprio grupo como um todo.

Conclusão

O que aprendemos?

12.8. Filme: *Bíblia ontem e hoje*[4]

O filme *Bíblia ontem e hoje* apresenta, de forma criativa e dinâmica, a história do povo da Bíblia, que corresponde ao Primeiro Testamento. O motivo pelo qual vamos assisti-lo é por estarmos concluindo o estudo de todo o Primeiro Testamento. Desse modo, vamos recordar, de forma prazerosa, tudo o que estudamos até hoje, sobre: geografia, história, costumes, tradições culturais em

---

[4] *BÍBLIA ONTEM E HOJE; uma história de vida e fé*. Direção: Carmem Maria Pulga. São Paulo: Paulinas/Multimídia, 2006. 1 DVD (70 min), son, color.

conexão com a nossa história de hoje. Observe a conexão entre o ontem e o hoje, e como é retratada!

12.9. Dinâmica de estudo em grupos – Lidando com as diferenças

Motivação

Na vida de todas as pessoas que exercem liderança, em qualquer nível, há adesões e oposições. O mesmo constatamos na experiência de Jesus. Nos Evangelhos encontramos referências aos diferentes grupos, que já existiam antes mesmo da vida pública de Jesus. Membros de alguns deles fizeram oposição à missão de Jesus, segundo seus interesses.

Objetivos

- Identificar as características de cada grupo do tempo de Jesus.
- Descobrir a postura de cada grupo em relação à pessoa de Jesus.

Material

- Fichas com a indicação das citações bíblicas para cada grupo.
- Cestinha.

Descrição da dinâmica

Preparar o número de fichas com as indicações dos textos bíblicos e as orientações do trabalho, de acordo com a quantidade de participantes em cada subgrupo, e entregá-las, formando os subgrupos de acordo com o número indicado na ficha. Encaminhá-los aos devidos locais de estudo.

Grupo 1

- Ler as indicações dos textos bíblicos, sobre o Sinédrio: Mt 26,59; Mc 14,55; 15,1; 15,43; Lc 22,66; 23,50; Jo 11,47; At 4,15; 5,21.27.34.4; 16,12.15; 22,30; 23,1.6.15.20.28; 24,20.

- Conforme o texto, quais são as características desse grupo?
- Qual a postura desse grupo em relação a Jesus?

Grupo 2

- Ler as indicações dos textos bíblicos sobre o grupo dos:
  a) Herodianos: Mt 22,16; Mc 3,6; 12,13;

  b) Zelotas: Mt 10,4; Mc 3,18; At 1,13.
- Conforme o texto, quais são as características desse grupo?
- Qual a postura desses grupos em relação a Jesus?

Grupo 3

- Ler as indicações dos textos bíblicos sobre os grupos dos: Saduceus: Mt 3,7; 16,1; 16,6; 16,11.12; 22,33.34; Mc 12,18; Lc 20,27; At 4,1; 5,17; 23,6; 23,7; 23,8.
- Conforme o texto, quais são as características desse grupo?
- Qual a postura desse grupo em relação a Jesus?

Grupo 4

- Ler as indicações dos textos bíblicos sobre o grupo dos: Fariseus: Mt 3,7; 5,20; 9,1.14.34; 12,2.14.24.38; 15,1.12; 16,1.6.11.12; 19,3; 21,45; 22,15.34.41; 23,2.13-15.23-29; 27,62.
- Conforme o texto, quais são as características desse grupo?
- Qual a postura desse grupo em relação a Jesus?

Grupo 5

- Ler as indicações dos textos bíblicos sobre os grupos dos: Fariseus: Mc 2,16.18.24; 3,6; 7,1-5; 8,11.15; 10,2;12,13; At 5,34; 12,19.42; 18,3; 5,34; 15,5; 23,6-9; 26,5; Fl 3,5.
- Conforme o texto, quais são as características desse grupo?
- Qual a postura desse grupo em relação a Jesus?

Grupo 6

- Ler as indicações dos textos bíblicos sobre os grupos dos: Fariseus: Lc 5,17.21.30.33; 6,2.7.30.36-40; 11,37-42; 11,53; 12,1; 13,31; 14,1-3; 15,2; 16,14; 17,20; 18,10-11; 19,39.
- Conforme o texto, quais são as características desse grupo?
- Qual a postura desse grupo em relação a Jesus?

Grupo 7

- Ler as indicações dos textos bíblicos sobre os grupos dos: Anciãos: Ap 4,4.10; 5,5.6.8.11.14; 7,11.13; 11,16; 14,3; 19,4.
- Conforme o texto, quais são as características desse grupo?
- Qual a postura desse grupo em relação a Jesus?

Grupo 8

- Ler as indicações dos textos bíblicos sobre o grupo dos: Fariseus: Jo 1,24; 3,1; 4,1; 7,32-48; 8,3.13; 9,13-16; 9,40-47; 11,57; 12,19.42; 18,3.
- Conforme o texto, quais são as características desse grupo?
- Qual a postura desse grupo em relação a Jesus?

Grupo 9

- Ler as indicações dos textos bíblicos sobre o grupo dos: Anciãos: At 4,5.8.23; 6,12; 22,5; 23,14; 24,1; 25,15.
- Conforme o texto, quais são as características desse grupo?
- Qual a postura desse grupo em relação a Jesus?

Grupo 10

- Ler as indicações dos textos bíblicos sobre o grupo dos: Anciãos: Mt 15,2; 16,21; 21,23; 26,3.47.57; 27,1-3.

12.20.41; 28,12; Mc 7,3.5; 11,27; 14,43; 14,53; 15,1; Lc 7,3; 9,22; 20,1; 22,52; 22,66.

- Conforme o texto, quais são as características desse grupo?
- Qual a postura desse grupo em relação a Jesus?

12.10. Exercício de síntese

(As questões são respondidas individualmente.)

1. Escrever sobre os inícios da relação entre os Macabeus e os Romanos (cf. 1 Macabeus 8; 12; 14; 15).

2. Em que ano os romanos passaram de aliados a dominadores da terra de Israel e o que isso representou para o povo?

3. O que era, na prática, a *Pax Romana*?

4. Quantos Herodes existiam e em que sentido podemos dizer que eles eram o "braço estendido" do poder romano sobre o povo de Israel?

5. Qual é a sua leitura sobre Herodes, o Grande?

6. Qual era a função de um procurador romano e em que momento da história de Israel eles surgiram?

7. Elencar os nomes dos diferentes grupos que existiam no tempo de Jesus e quais eram os aliados com o poder romano.

8. Na sua pesquisa, o que encontrou a respeito do grupo dos essênios?

9. O que chamou mais sua atenção nesse período da história de Israel?

10. O que é a *Mishnah*?

12.11. Momento celebrativo: Oração final – Nova luz sobre as marcas da história

Motivação

Hoje estudamos o fascículo 11 que nos introduziu no período da dominação do Império Romano sobre a terra de Israel. Com este fascículo, concluímos o estudo do Primeiro Testamento, aprofundando o livro da Sabedoria. No decorrer da história desse povo constatamos, pelo estudo feito até aqui e pelo vídeo *A Bíblia ontem e hoje*, as constantes e sucessivas dominações de povos diferentes, do Egito, da Assíria, Babilônia, Pérsia, Grécia e Roma. Cada povo teve o seu jeito de subjugar Israel. Alguns mais violentos outros menos, mas todos deixaram suas marcas na história deste povo. O Império Romano estudado hoje dominou, sobretudo, de três formas: pela força bruta do exército, pelos tributos, pela administração do Estado, em que as autoridades de Israel eram os braços estendidos do poder opressor. E hoje é diferente? (*Pausa.*) Como nós, povo brasileiro, reagimos ao poder opressor ao longo de nossa história e hoje? (*Pausa.*) E eu, pessoalmente, já vivi uma experiência de ter sido opressor (*pausa*) ou oprimido (*pausa*)?

Canto: "O Senhor é minha luz".[5]

Texto: Sb 3,1-9 – Sorte do justo e do injusto, e Lc 10,21-28 – Sábios e pequeninos.

Canto: "O Senhor é minha luz".

DVD: *Bíblia ontem e hoje*.[6]

12.12. Olhar retrospectivo

- Qual é a melhor maneira de resistir ao poder opressor?
- O que você sentiu ao ver este DVD?

---

[5] VV.AA. O Senhor é minha luz. CD: *Salmos: oração do povo a caminho*. São Paulo: Paulinas, 1998. Faixa 12.
[6] *BÍBLIA ONTEM E HOJE; uma história de vida e fé*, cit.

- Qual o questionamento que este DVD lhe trouxe?
- Transforme o seu sentimento, sua reflexão, em diálogo pessoal com Deus.

Salmo: 90 – Fragilidade do ser humano.

Canto: "Coração civil".[7]

Invoquemos a bênção do Senhor sobre nós!

O Senhor nos abençoe e envie dos céus sagrados... a sua sabedoria, para que nos assista nos trabalhos, ensinando-nos o que lhe agrada. É ela que tudo sabe e compreende, prudentemente nos guiará em nossas ações e nos protegerá com a sua glória (cf. Sb 9,10-11).

O Senhor abençoe a cada um que participou e colaborou neste encontro e, estendendo as nossas mãos, invoquemos sobre nós e sobre cada ser humano a bênção de Deus: "O Senhor te abençoe e te guarde! O Senhor faça resplandecer o seu rosto sobre ti e te seja benigno! O Senhor mostre para ti a sua face e te conceda a paz!" (Nm 6,24-26).

Bendigamos ao Senhor! Amém.

---

[7] NASCIMENTO, Milton. Coração civil. CD: *Coletânea*. São Paulo: Universal Music, 1998. Faixa 15. (Coleção Millennium.)

13º encontro
O eterno entra na história

13.1. Preparação do encontro

Leituras indispensáveis

Ler: *O eterno entra na história* (VG 12).

Ler: *Escritos do final do Primeiro Testamento:* Daniel; 1-2 Macabeus; Salmos: 1; 50; Sabedoria.

Textos e indicação de cantos

Exercício de síntese; CDs com a indicação dos cantos; olhar retrospectivo.

Recursos pedagógicos

Linha do Tempo, reproduzida em pano ou papel, conforme a indicação do mapa n. 42, no livro: *Caminhamos na história de Deus* (VG 15). Figuras para cada participante: flauta, trombeta, harpa, lira, tambor e címbalo; papel de seda de várias cores; DVD: *O quarto sábio*.

13.2. Sugestão de programa – *O eterno entra na história*

08:00 – Leitura Orante: "O Senhor está entre nós".

08:50 – Introdução ao contexto histórico no tempo de Jesus.

10:00 – Intervalo

10:15 – Dinâmica da formação de grupos: "Orquestra sinfônica: a nota de cada um"

10:30 – Dinâmica de estudo dos temas: "O mistério vem a nós"
 – 30' discussão sobre o tema
 – 10' leitura-síntese sobre o texto
 – 20' partilha sobre os itens 3 e 4 do roteiro para o estudo de cada tema
11:30 – Plenária
12:00 – Almoço
13:00 – Dinâmica de integração: "A vibração da vida está em nossas mãos"
14:00 – DVD: *O quarto sábio* (85 min)
16:30 – Intervalo
16:45 – Momento celebrativo: "Surpresas da terra e do céu"
17:45 – Olhar retrospectivo
18:00 – Conclusão do encontro

13.3. Leitura Orante – O Senhor está entre nós

Motivação

No estudo de hoje, a partir do VG 12, *O eterno entra na história*, vamos conhecer e aprofundar o cenário histórico no qual Jesus nasceu. Poucas pessoas tinham conhecimento de sua chegada. Na vida pública, quando começou a formar os seus discípulos, o número de pessoas cresceu, mas na verdade tornou-se conhecido mesmo com a pregação dos apóstolos, sobretudo, de Paulo. E os escritos bíblicos possibilitaram à humanidade ter acesso às palavras e gestos de Jesus. Na Leitura Orante de hoje, vamos rezar o texto de Lc 1,26-38, o anúncio do Anjo a Maria. Esta narrativa se inspira em diversas passagens do Primeiro Testamento, como a aparição do anjo a Gedeão (cf. Jz 6,11-24) e o anúncio do nascimento de Sansão (cf. Jz 13,2-7). A dignidade do menino é ressaltada pela sua descendência davídica (cf. 2Sm 7,1ss).

Recordando os passos da Leitura Orante

Leitura: O que o texto diz? Depois da leitura do texto, pode-se repetir a palavra ou frase que mais chamou sua atenção. Não importa se é a mesma que alguém já falou.

Meditação: O que o texto diz para mim? Aqui, pode-se partilhar por que a palavra ou frase, falada em voz alta ou não, chamou sua atenção.

Contemplação: O que a palavra me levou a experimentar? É o momento de reviver, na experiência retratada na palavra, a minha experiência, percebendo as moções do Espírito.

Oração: O que o texto me leva a falar com Deus? Falar com Deus em primeira pessoa sobre o que esta palavra suscitou em mim.

Ação: O que a palavra me pede para vivenciar? Escolhe-se um gesto concreto para vivenciar até a próxima Leitura Orante.

Canto: "Anunciação".[1]

Texto: Lc 1,26-38 – Anunciação do Anjo a Maria.

Oração: Oração ao Espírito Santo.

Refrão: Ó luz do Senhor que vem sobre a terra. Inunda meu ser, permanece em nós.[2]

Canto final: "Jesus Cristo".[3]

Oração: Que o Senhor nos abençoe e, como Maria, nos ajude a viver o nosso sim ao seu projeto de amor, sobre cada um de nós. Por Cristo Senhor nosso. Amém.

Bendigamos ao Senhor. Graças a Deus!

---

[1] VALENÇA, Alceu. Anunciação. CD: *Alceu Valença*. São Paulo: Universal Music, 1998. Faixa 1. (Coleção Millennium.)

[2] TURRA, Fr. Luiz. Luz do Senhor. CD: *Mantras: para uma espiritualidade de comunhão*. São Paulo, Paulinas/Comep, 2010. Faixa 10.

[3] CARLOS, Roberto. Jesus Cristo. CD: *Mensagens*. São Paulo: Sony/BMG, 1999. Faixa 1.

13.4. Introdução ao tempo de Jesus – *O eterno entra na história*

O eterno entra na história apresenta o contexto histórico no qual Jesus nasceu, a expectativa do Messias, a situação econômica, político-social e religiosa, a fé vivida no cotidiano da comunidade e a vida em família. Nada temos sobre Jesus, a não ser os escritos bíblicos e alguns testemunhos extrabíblicos que surgiram depois de sua morte. A intenção do livro é mostrar a realidade na qual Jesus se inseriu ao nascer. A capa apresenta uma mãe com o bebê no colo, representando Maria e Jesus, uma mulher e uma criança como as demais, que se tornaram conhecidas na Judeia e Galileia. Após a sua morte, Maria tornou-se conhecida no mundo pela ação missionária dos primeiros cristãos, sobretudo de Paulo, o apóstolo.

O tema de estudo inicial é sobre Antônio Conselheiro, que representou as esperanças dos mais pobres e excluídos do sertão nordestino, numa situação semelhante ao povo de Israel. Deus não abandona o seu povo. Em todos os tempos e contextos suscita os seus profetas, que, em nome dele, continuam a missão de animar e fazer surgir a esperança de dias melhores. Jesus, porém, é mais do que profeta para nós cristãos. Ele é o Messias Salvador, mesmo que em tudo fosse igual a nós, menos no pecado, como afirma Paulo.

Sabemos muito pouco sobre a infância de Jesus. Como em todas as famílias de tradição judaica, ele recebeu sua formação humana e religiosa com Maria, José, em família, na comunidade. Com os pais frequentou a sinagoga, ouvia as Escrituras e as conhecia. Os Evangelhos não nos falam que tenha ido a alguma escola rabínica do seu tempo, mas nos relatam que frequentava a sinagoga e o Templo. Era um jovem atento e observador da realidade, conhecia o sofrimento dos pobres, a luta do povo. Tudo isso, sem dúvida, contribuiu em seu compromisso com o povo e com Deus, muito consciente da sua missão.

Gostaríamos de destacar o tema 5: *A fé no cotidiano da comunidade*, que apresenta o culto que era e ainda hoje é celebrado na sinagoga judaica, com duas grandes partes: a litúrgica e a didática; em seguida, vêm as festas judaicas como a Páscoa, que está na origem da Páscoa cristã. Nesse tema, encontramos também o gráfico do calendário judaico e cristão, que nos oferece uma compreensão global das festas, sua origem, estações diversas, por estarmos em diferentes hemisférios. Vamos olhar a página 73, transparência número 35.

13.5. Dinâmica de formação de grupos – Orquestra sinfônica: a nota de cada um

Motivação

No tempo de Jesus, a sociedade também era dividida em classes sociais: pobres, ricos, abastados, miseráveis, escravos, livres. Essa mesma sociedade já conhecia, no seu tempo, diversos instrumentos musicais, que produziam uma multiplicidade de sons. Havia instrumentos de sopro, como a flauta, a trombeta; de corda, como a harpa e a lira; de percussão, como o tambor de barro etc. Estes e muitos outros, conhecemos hoje. Quem de nós não gosta de ouvir uma bela música, uma orquestra sinfônica? Agora vamos formar a nossa orquestra.

Objetivos

- Despertar a criatividade dos participantes.
- Dar-se conta de que a nossa sociedade, hoje, é herdeira dos conhecimentos e da riqueza do passado.

Material

- Aparelho de CD.
- CD de música orquestrada.
- Figuras de: flauta, trombeta, harpa, lira, címbalo e tambor.

O eterno entra na história

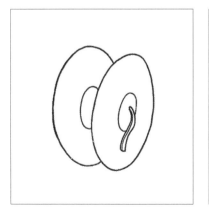

Descrição da dinâmica

Com o grupo em círculo, entregar a cada participante o desenho de um instrumento musical, tantos quantos forem os grupos a serem formados e o número de participantes em cada grupo. Colocar, entre os desenhos, apenas um diferente de todos. Depois de formados os grupos, convidar aquele que tirou o desenho diferente a desempenhar o papel de regente da orquestra. Cada grupo de um determinado instrumento reproduz o seu som. Em seguida, o regente une os subgrupos, formando a orquestra.

Conclusão

Após a apresentação, os subgrupos se encaminham para os locais de estudo, sendo cada um deles responsável por um tema da VG 12.

13.6. Dinâmica de estudo dos temas – O mistério vem a nós

Motivação

Todo ser humano nasce no contexto histórico familiar, social, cultural e religioso do seu tempo. Do mesmo modo, o Jesus histórico carrega as marcas do seu tempo, sujeito às condições de vida de seu povo, ao clima, aos costumes, enfim, às tradições do seu contexto cultural, familiar, social e religioso. É o que vamos ver no tema de estudo de hoje: *O eterno entra na história*.

Objetivo

- Perceber a nossa história como sequência da história de ontem.
- Socializar a própria experiência, à luz da história que nos precedeu.

Material
- Livro: *O eterno entra na história* (VG 12).

Descrição da dinâmica

Cada grupo é convidado a: ler os títulos e subtítulos do seu tema, para recordar o que já foi estudado em casa; debater sobre o conteúdo lido, esclarecendo as dúvidas, se existirem; dialogar, tendo como referência os itens *3 e 4* do Roteiro para o Estudo de cada tema, revisto nos subgrupos. Convidá-los a buscar uma forma criativa para a apresentação, em plenária.

Conclusão

Após o término dessa atividade, cada subgrupo se encaminhará para o ambiente preparado para a plenária. Partilhar a experiência.

13.7. Dinâmica de integração – A vibração da vida está em nossas mãos

Motivação

Com certeza no tempo de Jesus, como hoje, muitas pessoas lutavam para sobreviver. Isso acontece em todos os sentidos: na vida familiar, na sociedade, no trabalho, na vida religiosa. Sempre é tempo de recomeçar e florescer. Para as pessoas que encontram um sentido na vida, não há aposentadoria no serviço, na partilha, na missão. Agora vamos fazer uma dinâmica que nos ajuda a perceber a vibração da vida.

Objetivos

- Perceber o valor da vida e a complexidade que a envolve.
- Partilhar os dons com as pessoas e em comunidade.
- Conscientizar-se de que esta mesma experiência foi vivida por Jesus.

Material

- Aparelho de CD.
- CDs de música.
- Folhas de papel de seda de várias cores, divididas em quatro partes.
- Palito de churrasco.
- Fita adesiva.

Descrição da dinâmica

Distribuir, para cada participante, um quarto de folha de papel de seda, em cores variadas. Motivar o grupo, dizendo que a folha que eles têm em mãos representa a própria vida de cada um. Pedir para observar que um lado da folha é liso e o outro, mais áspero. Isso também ocorre em nossa vida: em alguns momentos ela é bem tranquila e em outros, áspera. Mas, apesar de tudo, nossa vida vibra. Pedir-lhes que segurem a folha em uma das pontas e as balancem, para ouvir sua vibração. Perguntar-lhes, em seguida: "O que pode diminuir a vibração em nossa vida?". À medida que exemplificam situações diversas, os participantes vão amassando a folha de papel até tornar-se uma bolinha.

Perguntar-lhes: "O que vamos fazer com esta bolinha?". Se alguém disser que é para jogá-la fora, indagar: "Como vamos jogar fora a nossa vida? O que podemos fazer? Reconstruí-la? Como?". Motivar o grupo a falar palavras de vida. A cada palavra, vai-se abrindo novamente o papel, ou seja, abrindo a vida. Já com a folha toda aberta, questionar: "E agora?". Mesmo estando com rugas, pedir ao grupo que balance a sua folha. A vibração é menor, mas a vida vibra. Pedir aos participantes que dobrem a folha ao meio. Parti-la na dobra. Dividi-la em 4 ou em até 8 partes. A partilha será maior. Instruir os participantes a trocarem as partes, de maneira que seus colegas fiquem com 4 ou 8 cores diferentes. Organizar as partes, formando cruzes, e modelar uma flor. Pregá-la no palito com fita adesiva, que servirá de haste para formar um lindo arranjo criado pelo grupo.

Conclusão

Partilhar a experiência vivida. "A vida, por mais dolorida e cheia de rugas, pode florescer?"

13.8. Filme: *O quarto sábio*[4]

Com o livro *O eterno entra na história*, adentramos no contexto histórico no qual Jesus nasceu e viveu. São abordadas as expectativas messiânicas de ontem e de hoje, a situação econômica, social, religiosa, familiar e a fé no cotidiano da vida em comunidade. O filme *O quarto sábio* apresenta a história de um homem sábio que busca, nas Sagradas Escrituras, o sentido da vida e descobre, nas profecias sobre Jesus, o Rei dos reis. Esta é a experiência de tantos que encontraram no seguimento de Jesus o tesouro e o sentido para a vida. Você está em busca de qual tesouro?

13.9. Exercício de síntese – *O eterno entra na história*

(As questões são respondidas individualmente.)

1. Na sua leitura, o que representou a figura de Antônio Conselheiro para o povo sofrido?

2. O meio de sobrevivência do povo no tempo de Jesus era...

3. O dízimo descrito em Dt 14,22-29 e Nm 18,20-24 consistia em... e era destinado...

4. Há alguma semelhança e/ou diferença entre as classes sociais do tempo de Jesus e do nosso tempo? Justifique.

---

[4] *O QUARTO Sábio*. Direção: Michael Ray Rhodes. São Paulo: Paulinas/Multimídia, 2004. 1 DVD (85 min), son., color. Áudio: inglês, português, espanhol.

5. Que sentido tinha a esmola no tempo de Jesus, e que sentido ela tem hoje?

6. O que era o Sinédrio, no tempo de Jesus, e quem fazia parte dele?

7. Que significado teve a sinagoga para Jesus (cf. Lc 4,16-30) e que significado tem para a comunidade judaica, hoje?

8. Que relação há entre a Páscoa judaica e a Páscoa cristã?

9. Quem é Jesus para você?

10. Nos escritos bíblicos deste período, encontram-se 1-2 Macabeus. Leia um dos dois livros e elenque cinco formas de resistência do povo ao opressor.

13.10. Momento celebrativo: Oração final – Surpresas da terra e do céu

Motivação

O berço histórico no qual Jesus nasceu não era dos melhores. Antes havia muita opressão no campo social. Seis anos antes do seu nascimento, Séforis, a capital da Galileia, foi totalmente arrasada. O Império Romano tentou manipular a fé do povo, profanando o Templo, colocando uma águia de ouro na sua entrada; era o símbolo do imperador. Vendo o sofrimento do povo, sendo sempre mais oprimido, muitos judeus reagiram em defesa da vida e da fé. Como forma de repressão, o exército crucificou duas mil pessoas.

Neste contexto, Jesus chega e com suas atitudes e palavras virou do avesso a visão de valores e conceitos. O seu amor preferencial era pelos excluídos: leprosos, aleijados, cegos, coxos, paralíticos, pobres, crianças, mulheres prostituídas. Chega a dizer que as prostitutas e os pecadores precederiam no céu os chefes dos sacerdotes e os escribas, que se julgavam melhores do que eles.

Canto: "Um certo Galileu".[5]

Texto: Mc 8,27-33 – Quem é Jesus Cristo?

Partilha

A partir do estudo e da reflexão que fizemos durante este mês sobre este tema e no aprofundamento, o que mais chamou a sua atenção? Podemos partilhar espontaneamente, sem que se torne um debate, mas se transforme num momento celebrativo, podendo-se também fazer uma prece espontânea.

Refrão: Quem me segue não anda nas trevas, mas terá a luz da vida.

Canto: "Vai aos pobres anunciar".[6]

Invoquemos a bênção do Senhor sobre nós

O Senhor nos abençoe e nos conceda a graça de viver no dia a dia como Maria, em sua resposta ao Anjo: "Eu sou a serva do Senhor; faça-se em mim segundo a tua palavra!" (Lc 1,38).

O Senhor abençoe a cada um que participou e colaborou neste encontro. Estendendo as mãos, invoquemos sobre nós e sobre cada ser humano a bênção de Deus: "O Senhor te abençoe e te guarde! O Senhor faça resplandecer o seu rosto sobre ti e te seja benigno! O Senhor mostre para ti a sua face e te conceda a paz!" (Nm 6,24-26).

Bendigamos ao Senhor! Amém.

---

[5] OLIVEIRA, José Fernandes de (Pe. Zezinho, scj). Um certo Galileu. CD: *Um certo Galileu* – 1. São Paulo: Paulinas/COMEP, 1987. Faixa 1.

[6] TURRA, Fr. Luiz. Vai aos pobres anunciar. CD: *Reino sem fronteira*. São Paulo: Paulinas/Comep, 1998. Faixa 19. Série Deus Conosco – Tempo Comum 1.

14º encontro
A fé nasce e é vivida em comunidade

14.1. Preparação do encontro

Leituras indispensáveis

Ler: *A fé nasce e é vivida em comunidade* (VG 13).

Ler: *As cartas autênticas de Paulo:* 1 Tessalonicenses; Filipenses; Gálatas; Filêmon; 1-2 Coríntios; Romanos.

Textos e indicação de cantos

Exercício de síntese; CDs com a indicação dos cantos; olhar retrospectivo.

Recursos pedagógicos

Linha do Tempo, reproduzida em pano ou papel, conforme a indicação do mapa n. 42, no livro: *Caminhamos na história de Deus* (VG 15); cinco envelopes, cada um com as letras que formam as palavras: Comunidades, Cotidiano, Cristianismo, Expansão, Evangelho; balões; um rolo de barbante; tesoura; fichas com números; DVD: *Paulo de todos os povos* – Parte 1.

14.2. Sugestão de programa – *A fé nasce e é vivida em comunidade*

08:00 – Leitura Orante: "A força de um encontro com o Senhor"

08:50 – Introdução ao tema: As comunidades cristãs da terra de Israel

09:15 – Dinâmica de formação de grupos: "Palavras que reúnem"
10:00 – Intervalo
10:15 – Dinâmica de estudo dos temas: "Uma herança de lutas e certezas"
11:00 – Plenária
12:15 – Almoço
13:15 – Dinâmica de integração: "Objetivo ao alto e pés no chão"
14:00 – Estudo em grupos – Texto CEB's
15:00 – DVD: *Paulo de todos os povos* – Parte 1 (85 min aprox.)
16:30 – Intervalo
16:45 – Momento celebrativo: "O essencial nos conduz"
17:50 – Olhar retrospectivo
18:00 – Conclusão do encontro

14.3. Leitura Orante – A força de um encontro com o Senhor

Motivação

Vocês já leram *A fé nasce e é vivida em comunidade* e viram que vamos trabalhar as comunidades cristãs na terra de Israel. Entre os grandes missionários que propagaram a fé cristã, encontra-se Paulo. Ele é um exímio apóstolo das gentes, um apaixonado por Jesus e sua causa; por todo canto, ele foi fundando comunidades. Hoje vamos fazer a nossa Leitura Orante sobre o texto de Atos 9,1-25. Perceberemos qual é a memória que a comunidade cristã, na pessoa de Lucas, guarda da experiência da passagem de Paulo do judaísmo para a comunidade cristã, a sua adesão à pessoa de Jesus. Estamos por volta do ano 36 da E.C.

Recordando os passos da Leitura Orante

Leitura: O que o texto diz? Depois da leitura do texto, pode-se repetir a palavra ou frase do texto que mais chamou sua atenção. Não importa se é a mesma que alguém já falou.

Meditação: O que o texto diz para mim? Aqui, pode-se partilhar por que a palavra ou frase, falada em voz alta ou não, chamou sua atenção.

Contemplação: O que a palavra me levou a experimentar? É o momento de reviver, na experiência retratada na palavra, a minha experiência, percebendo as moções do Espírito.

Oração: O que o texto me leva a falar com Deus? Falar com Deus em primeira pessoa sobre o que esta palavra suscitou em mim.

Ação: O que a palavra me pede para viver? Escolhe-se um gesto concreto para vivenciar até a próxima Leitura Orante.

Oração: Oração ao Espírito Santo.

Canto: "Paulo, Paulo".[1]

Refrão: Escuta Israel, Javé teu Deus vai falar. (bis) Fala, Senhor Javé, Israel quer te escutar![2]

Texto: At 9,1-25 – Vocação de Paulo.

Canto final: "Já não sou eu quem vive".[3]

Oração: O Senhor nos abençoe e nos ajude a retomar o "primeiro amor" na vivência do nosso chamado ao seguimento de Jesus. Por Jesus Cristo, nosso Senhor. Amém.

Bendigamos ao Senhor. Graças a Deus!

---

[1] GRUPO Chamas. Paulo, Paulo. CD: *Ouço tua voz*. São Paulo: Paulinas/Comep, 2006. Faixa 8.

[2] OFÍCIO Divino das Comunidades. Escuta Israel, apud *Mil e uma canções para o Senhor*, cit., p. 215.

[3] CANTORES de Deus. Já não sou eu quem vive. CD: *Em verso e em canção*. São Paulo: Paulinas/Comep, 2001. Faixa 10.

14.4. Introdução às comunidades na terra de Israel – *A fé nasce e é vivida em comunidade*

A fé nasce e é vivida em comunidade. Não há outra maneira de viver a fé senão na comunidade. É nela que praticamos a caridade, a justiça, o amor fraterno. A capa do livro nos apresenta um batizado atual. Não na forma como era exercido o Batismo na tradição judaica, nem mesmo na comunidade cristã. Mas retrata esta experiência da inserção de um novo membro na comunidade de fé. Era a experiência que as comunidades cristãs viviam intensamente no seu início. Mesmo que Atos tenha uma leitura teológica, ao falar que o número de cristãos crescia dia a dia, deveria ser uma realidade pela sua rápida expansão pela Ásia, África e Europa.

As Comunidades Eclesiais de Base introduzem o tema do 13º volume. Elas nascem um pouco como as primeiras comunidades cristãs no continente da Ásia, nas periferias das grandes cidades e no interior, como fermento na massa, na busca de viver em profundidade a mensagem cristã, em meio a um contexto hostil de ontem e hoje.

O segundo tema, *Deus viveu nossa vida cotidiana*, retrata a experiência que a primeira comunidade cristã fez de Jesus, o que ela recorda do seu posicionamento diante das autoridades, da situação do povo, da situação política, da situação religiosa e da vida familiar. Jesus que acolhe, conforta, cura, encoraja o povo e mostra o caminho que leva ao Pai e se entrega por nós. Depois, apresenta os primeiros seguidores de Jesus, que vieram da tradição judaica, e as dificuldades que enfrentaram para introduzir uma nova leitura e prática da fé cristã.

Aparece, então, o Concílio de Jerusalém, que mostra as duas linhas entre os seguidores de Jesus: a ala mais conservadora, representada na pessoa de Tiago, e a ala mais aberta, representada por Paulo. A ala mais conservadora achava que, para ser cristão, devia-se passar pela circuncisão, e os demais afirmavam que não.

Até que a assembleia de Jerusalém trouxe um consenso em favor dos gentios, que não precisavam ser circuncidados para se tornar cristãos.

O que conhecemos de Jesus e das comunidades cristãs foi-nos legado pelos escritos do Segundo Testamento. Pouco sabemos sobre Jesus e os primeiros cristãos, nos escritos extrabíblicos, apenas alguns acenos nos escritos de Flávio Josefo, Tácito, Plínio, o moço, e Suetônio. Graças à ousadia das primeiras comunidades cristãs que, apesar das perseguições e do sofrimento conseguiram anunciar e testemunhar Jesus Cristo com a Palavra e o martírio, esta fé chegou até nós. E ela continuará, se nós, como ele, formos testemunhas com a vida e com a Palavra.

14.5. Dinâmica de formação de grupos – Palavras que reúnem

Motivação

Todos temos experiência de vida em comunidade: a comunidade familiar; a comunidade social; a comunidade dos amigos e das amigas; a comunidade eclesial e assim por diante. Hoje, vamos falar e ouvir muito sobre as primeiras comunidades cristãs em Jerusalém e na terra de Israel; conhecer suas dificuldades, alegrias, sofrimentos, para que permanecessem no ensinamento de Jesus.

Objetivo

- Sensibilizar-se com as dificuldades que as primeiras comunidades viveram para testemunhar a fé.
- Criar, a partir da experiência delas, uma convicção maior na própria fé.

Material

- Cinco envelopes, cada um com as letras que formam a palavra central de cada tema.

- CDs de música.
- Aparelho de CD.
- Fichas com números.

Descrição da dinâmica

Formar cinco subgrupos com fichas numeradas. Sortear os envelopes. Convidar os subgrupos a formarem uma palavra, de acordo com as letras encontradas dentro do envelope. Com ela, o grupo identificará o seu tema de estudo. O primeiro tema corresponde à palavra "Comunidades", o segundo tema "Cotidiano", o terceiro tema "Cristianismo", o quarto "Expansão" e o quinto "Evangelho".

Conclusão

Encaminhamento dos subgrupos para os locais de estudo.

14.6. Dinâmica de estudo dos temas – Uma herança de lutas e certezas

Motivação

Se as primeiras comunidades cristãs não tivessem feito a experiência de Jesus e não a deixassem para nós, por escrito, hoje não seríamos cristãos, nem herdeiros desta fé em Jesus, vivo em nosso meio. Hoje, vamos aprofundar o conhecimento dessa herança que as primeiras comunidades cristãs da terra de Israel nos transmitiram. Ou seja, da região da Judeia, Samaria e Galileia.

Objetivo

- Identificar as dificuldades que as primeiras comunidades cristãs viveram.
- Descobrir a fidelidade das comunidades nas incompreensões, dificuldades e perseguições...
- Sensibilizar-se pelo testemunho das primeiras comunidades.

Material

Fichas para o sorteio dos debates; aparelho de CD; CD com músicas suaves.

Descrição da dinâmica

1º Momento

Os grupos, após o estudo, serão informados de que deverão escolher um representante que fará a apresentação do seu tema, durante sete minutos, para os outros grupos, sem possibilidade de serem interrogados.

2º Momento

Sorteio da equipe que vai formular as questões a partir da exposição do grupo. Serão dados cinco minutos para que cada grupo possa formular duas questões. Assim, sucessivamente, os demais grupos.

3º Momento

Perguntas da plenária com direito a respostas de quem quer que seja.

Conclusão

Partilha da experiência vivida.

14.7. Dinâmica de integração – Objetivo ao alto e pés no chão

Motivação

Tudo o que fazemos precisa ter um objetivo definido. É ele que nos motiva, nos faz buscar caminhos e nos lança para a frente. As primeiras comunidades cristãs tinham claro o seu objetivo, que era o de conhecer, viver, anunciar e testemunhar Jesus Cristo. Por causa dele, sofreram incompreensões, perseguições, injustiças e enfrentaram até a morte. Hoje vamos, por meio desta dinâmica, defender este objetivo que é também nosso.

Objetivos

- Unificar a clareza do objetivo do curso com o nosso objetivo.
- Fortificar a nossa prática para alcançar os objetivos.

Material

- Balões.
- Barbante.
- Tesoura.

Descrição da dinâmica

Sempre que o grupo tiver mais de 20 pessoas, formar dois subgrupos. Dizer-lhes que é muito importante que eles formem, com o barbante, uma rede bem fechada, sem nenhum buraco. Apresentar-lhes o balão inflado, que simboliza o objetivo do grupo, que deve ser mantido no alto. Ele não pode cair, apesar de todas as dificuldades encontradas. Enquanto o coordenador vai, delicadamente, cortando os fios da rede, os participantes vão externando suas motivações para manter o objetivo no alto. Terminar a dinâmica no momento em que todo o grupo estiver aguerrido em relação ao objetivo.

Observação: A rede de barbante deve ser formada de modo que fique bem mais fechada, para que o balão inflado não caia com facilidade.

Conclusão

O que mais chamou sua atenção nesta dinâmica?

14.8. Filme: *Paulo de todos os povos*[4] – Parte 1

O tema *A fé nasce e é vivida em comunidade* retrata a experiência das primeiras comunidades cristãs da terra de Israel. As grandes dificuldades que elas enfrentaram para levarem a fé cristã às cidades e povoados da Judeia, Samaria e Galileia. A primeira parte do filme *Paulo de todos os povos* mostra as perseguições e até mortes de alguns de seus membros, como Estêvão e, mais tarde, os demais apóstolos, Pedro e Paulo. Observe o que motivou os primeiros cristãos a enfrentarem o martírio!

14.9. Exercício de síntese – *A fé nasce e é vivida em comunidade*

(As questões são respondidas individualmente.)

1. Informe-se sobre as Comunidades Eclesiais de Base (CEBs) e faça uma síntese sobre: sua origem, organização e atividades.

2. Cite dois fatos importantes para a comunidade cristã, que se deram durante o período do imperador Tibério César.

3. Descreva a situação da comunidade cristã, sob o imperador Nero.

4. Leia Mc 3,20-21.31-35 e transcreva sua reflexão a partir desses textos.

5. Como você entende a afirmação: "O Cristianismo é herdeiro da fé judaica".

6. Leia At 10 e 11. Por que o capítulo 11 precisou justificar a atitude de Pedro?

7. Leia os textos de At 15 e Gl 2 e ressalte as semelhanças e diferenças entre as duas narrativas.

---

[4] *PAULO de todos os povos*. Direção: Roger Young. São Paulo: Paulinas/Multimídia, 2002. 1 DVD. Parte 2 (87 min. aprox.), son., color.

8. Há testemunhos sobre Jesus em escritos extrabíblicos? O que eles falam?

14.10. Olhar retrospectivo

(As questões são respondidas individualmente.)

1. Na avaliação geral do dia eu ressalto...
2. O estudo dos conteúdos nos pequenos grupos foi...
3. Considero a minha integração:
   a) na caminhada do curso;
   b) na caminhada com os colegas.
4. De todos os conteúdos vistos até agora, sinto necessidade de aprofundar...
5. Palavra aberta...

14.11. Momento celebrativo: Oração final – O essencial nos conduz

Motivação

O estudo deste mês nos conduziu aos inícios das comunidades cristãs, na sua pequenez, pobreza, perseguidos por causa de sua fé em Jesus. Vimos as dificuldades internas que viveram os primeiros discípulos de Jesus, a ponto de terem que realizar uma assembleia para dirimir dúvidas, resolver conflitos e abrir a mensagem cristã para os novos adeptos não judeus. Paulo trabalhou muito para livrar os novos adeptos das práticas judaicas da circuncisão, da observância das leis alimentares e de outras práticas. Não foi fácil discernir entre o que é essencial e conservar o que é secundário. Precisou-se de muita oração, diálogo e discernimento.

Canto: "Iguais".[5]

---

[5] OLIVEIRA, José Fernandes de (Pe. Zezinho, scj). Iguais. CD: *Meu irmão crê diferente*, cit. Faixa 4.

Oração: Oração ou canto ao Espírito Santo.

Texto: Atos 15,1-35 – Assembleia de Jerusalém.

Refrão: Ele me amou. (2x) Ele se entregou por mim! Ele me amou e se entregou por mim![6]

Canto: "Canção religiosa".[7]

Invoquemos a bênção do Senhor sobre nós

O Senhor nos abençoe e nos conceda perceber os sinais de Deus em nosso dia a dia, para acolher com abertura e disponibilidade, como Paulo, o seu apelo: "Levanta-te, entra na cidade, e te dirão o que deves fazer" (At 9,6).

O Senhor abençoe a cada um que participou e colaborou neste encontro. Estendendo as nossas mãos, invoquemos sobre nós e sobre cada ser humano a bênção de Deus: "O Senhor te abençoe e te guarde! O Senhor faça resplandecer o seu rosto sobre ti e te seja benigno! O Senhor mostre para ti a sua face e te conceda a paz!" (Nm 6,24-26).

Bendigamos ao Senhor! Amém.

---

[6] TURRA, Fr. Luiz. Ele me amou. CD: *Palavras sagradas de Paulo Apóstolo*, cit. Faixa 11.

[7] OLIVEIRA, José Fernandes de (Pe. Zezinho, scj). Canção religiosa. CD: *Meu irmão crê diferente*, cit. Faixa 7.

15º encontro

Em Jesus, Deus comunica-se com o povo

15.1. Preparação do encontro

Leituras indispensáveis

Ler: *Em Jesus, Deus comunica-se com o povo* (VG 14).

Ler: *Comunidades cristãs e sua organização:* Marcos; Mateus; 2 Tessalonicenses; Colossenses; Efésios; Lucas; Atos; Tiago; 1 Pedro.

Textos e indicação de cantos

Exercício de síntese; CDs com a indicação dos cantos; olhar retrospectivo.

Recursos pedagógicos

Linha do Tempo, reproduzida em pano ou papel, conforme a indicação do mapa n. 42, no livro: *Caminhamos na história de Deus* (VG 15); fichas nas cores azul e branca, uma para cada participante, com as cidades: Antioquia da Síria, Selêucia, Chipre, Antioquia da Psídia, Atália, Perge, Icônio, Derbe, Filipos, Anfípolis, Tessalônica, Bereia, Atenas, Corinto, Éfeso, Cesareia, Jerusalém, Tarso, Listra, Frígia, Neápolis, Damasco, Galácia, Trôade, Mileto, Samos, Larissa, Roma, Malta, Creta; pincéis atômicos; joaninhas; balões com cores diferentes que representam os cinco continentes: vermelho, azul, branco, amarelo e verde; fichas com um versículo significativo das cartas autênticas de Paulo; DVD: *Paulo de todos os povos* – Parte 2.

15.2. Sugestão de programa –
Em Jesus, Deus comunica-se com o povo

08:00 – Leitura Orante: "Todos os povos com a Palavra"

08:50 – Introdução às comunidades cristãs da diáspora (VG 14)

09:30 – Dinâmica de formação de grupos: "As cores da Boa--Notícia"

09:50 – Dinâmica de estudo: 1º e 2º temas

10:30 – Intervalo

10:45 – Dinâmica de estudo: 3º, 4º e 5º temas

11:45 – Plenária: "Júri simulado"

12:30 – Almoço

13:30 – Dinâmica de integração: "O caminho de Paulo"

14:00 – DVD: *Paulo de todos os povos* – Parte 2 (87 min aprox.)

15:30 – Trabalho de síntese sobre o DVD

16:15 – Intervalo

16:30 – Momento celebrativo: "O testemunho de Paulo nos impulsiona"

17:30 – Olhar retrospectivo

17:50 – Orientação para o próximo encontro conclusivo do curso

18:00 – Conclusão do encontro

15.3. Leitura Orante –
Todos os povos com a Palavra

Motivação

O nosso estudo de hoje contempla as comunidades cristãs na diáspora, ou seja, fora da terra de Israel. Por incrível que pareça, a perseguição foi um dos fatores que mais contribuíram para a expansão da fé cristã. Muito cedo os primeiros cristãos sofreram a incompreensão por parte da comunidade judaica e provaram, também, a perseguição por parte do império. Após a morte de Estêvão, muitos cristãos foram para Antioquia da Síria, tanto é que esta se tornou o primeiro centro de irradiação missionária na diáspora. De lá, partem os missionários para o Continente da Ásia, Europa e África, evangelizando os povos com a Boa-Nova de Jesus. Uma das comunidades fundadas por Paulo foi a de Corinto, na Grécia. Hoje, vamos fazer a nossa Leitura Orante sobre 1Cor 12,4-30. Paulo revela uma preocupação com o bom uso dos dons, carismas, concedidos pelo Espírito Santo aos membros da comunidade. E estes devem ser colocados a serviço de todos.

Recordando os passos da Leitura Orante

Leitura: O que o texto diz? Depois da leitura do texto, pode-se repetir a palavra ou frase do texto que mais chamou sua atenção. Não importa se é a mesma que alguém já falou.

Meditação: O que o texto diz para mim? Aqui, pode-se partilhar por que a palavra ou frase, falada em voz alta ou não, chamou sua atenção.

Contemplação: O que a palavra me levou a experimentar? É o momento de reviver, na experiência retratada na palavra, a minha experiência, percebendo as moções do Espírito.

Oração: O que o texto me leva a falar com Deus? Falar com Deus em primeira pessoa sobre o que esta palavra suscitou em mim.

Ação: O que a palavra me pede para viver? Escolhe-se um gesto concreto para vivenciar, até a próxima Leitura Orante.

Refrão: Onde reina o amor, fraterno amor, onde reina o amor, Deus aí está.[1]

---

[1] TAIZÉ. Onde reina o amor. CD: *Coração confiante*, cit.

Canto: "Vinde, Espírito de Deus".[2]

Texto: 1Cor 12,4-30 – Todos os povos com a Palavra.

Canto final: "Monte Castelo".[3]

Oração: O Senhor nos abençoe e nos conceda o sentido profundo de sermos Igreja e corresponsáveis na sua edificação. Por Jesus Cristo, nosso Senhor. Amém.

Bendigamos ao Senhor. Graças a Deus!

15.4. Introdução às comunidades cristãs da diáspora – *Em Jesus, Deus comunica-se com o povo*

Em Jesus, Deus comunica-se com o povo é o nome do penúltimo livro que vamos estudar neste primeiro nível da Visão Global da Bíblia. Trata das comunidades cristãs fora da terra de Israel, ou seja, na diáspora. A capa representa Jesus pregando ao povo. Quem o recorda nesta pregação são as comunidades de: Marcos, Mateus, Lucas e João, que registraram o seu ensinamento e o transmitiram aos cristãos e à humanidade. Nós também somos da diáspora e tivemos acesso aos escritos. São eles que aqui nos reúnem neste projeto: Bíblia em Comunidade.

Este livro apresenta a expansão da fé na Ásia, na África e na Europa, o mundo conhecido de então. Paulo e seus companheiros muito contribuíram com a sua pregação e viagens missionárias, para a expansão da fé cristã. As dificuldades eram de toda espécie: internas, entre os membros da equipe; externas, na resistência para acolherem o anúncio, sobretudo, dos judaizantes. Havia resistência à pessoa de Paulo, por ter sido um judeu fanático e, de uma hora para outra, "virou a casaca" e tornou-se um perseguido por causa de Jesus. Por isso, era tido como traidor da fé judaica.

---

[2] FABRETI, Fr. Vinde, Espírito de Deus, apud: *Mil e uma canções para o Senhor*, cit., p. 61.
[3] URBANA, Legião. Monte Castelo. CD: *As quatro estações*. São Paulo: Sony/BMG, 1990. Faixa 7.

Nesse período e fora da terra de Israel, foram escritas as sete cartas autênticas de Paulo e o evangelho de Marcos. A Primeira Carta aos Tessalonicenses é o primeiro escrito do Segundo Testamento e, a esta, seguem as demais cartas de Paulo aos Filipenses, 1-2 Coríntios, Filêmon, Gálatas, Romanos. Não são tratados de doutrina, mas respostas a situações existenciais que as comunidades viviam. Paulo dá uma orientação sólida à diversidade de problemas, situações conflituosas nas quais as comunidades viviam. Jesus é o referencial de toda a sua orientação.

15.5. Dinâmica de formação de grupos – As cores da Boa-Notícia

Motivação

A Ásia e a Europa tiveram o privilégio de ser os continentes protagonistas da fé cristã. Na tradição cristã católica, cada continente foi convencionado por uma cor que caracterizasse o seu continente, povo e cultura. Assim, temos a cor *amarela* caracterizando a Ásia, por ser a terra do sol nascente, berço da civilização (tema 1); a cor *branca* caracterizando a Europa e o Papa (tema 2); a cor *verde* recorda as verdes florestas e a cor sagrada dos muçulmanos (tema 3); o *azul* simboliza a Oceania e as inumeráveis ilhas espalhadas pelas águas azuis do oceano (tema 4); e o *vermelho*, as Américas, porque teve como seus primeiros habitantes os "peles vermelhas", índios (tema 5). Em todos esses continentes, a mensagem cristã chegou por causa de seus protagonistas: Paulo e os missionários da primeira hora. Essas cores representam a diversidade de etnias, valores, crenças, tradições religiosas e familiares dos povos dos cinco continentes. Na temática de hoje, as comunidades cristãs se espalham pelo continente da África e Europa e se encontram também na Oceania e nas Américas.

Objetivo

- Formar grupos de acordo com as cores simbólicas de cada continente.
- Dar-se conta da presença da fé cristã em cada continente.

Material

- Balões coloridos de acordo com a cor de cada continente, em número suficiente à quantidade de participantes de cada subgrupo, com um versículo das cartas de Paulo dentro do balão.
- Aparelho de CD.
- CDs de música.

Descrição da dinâmica

Repartir os balões que simbolizam as cores dos cinco continentes, já com um trecho do versículo bem dobradinho dentro dele. Agora vocês são convidados a encher o balão e brincar com ele, mantendo-o sempre no alto. Ao sinal dado, cada qual se reúne aos que trazem a mesma cor de balões e, com um abraço, estourar o balão, compartilhando, em seguida, a frase encontrada no seu balão.

- "Aquele que vos chamou é fiel" (1Ts 5,24).
- "Por tudo dai graças" (1Ts 5,18).
- "... meus filhos, por quem sofro de novo as dores do parto, até que Cristo seja formado em vós" (Gl 4,19).
- "Se Deus é por nós, quem será contra nós?" (Rm 8,31).
- "Não nos cansemos de fazer o bem" (Gl 6,9).
- "Pela graça de Deus, sou o que sou" (1Cor 15,10).
- "A palavra está perto de ti, em tua boca, em teu coração" (Rm 10,8).
- "Não sou mais eu que vivo; é Cristo que vive em mim" (Gl 2,20a).
- "Ele me amou e se entregou por mim" (Gl 2,20b).
- "Tudo posso n'Aquele que me dá força" (Fl 4,13).

- "Quando, porém, chegou a plenitude do tempo, enviou Deus o seu Filho, nascido de mulher..." (Gl 4,4).
- "Tudo contribui para o bem daqueles que amam a Deus" (Rm 8,28).
- "Se alguém está em Cristo é nova criatura" (2Cor 5,17).
- "Jesus Cristo é o Senhor para a glória de Deus Pai" (Fl 2,11).
- "Deus ama a quem dá com alegria" (2Cor 9,7).
- "Cristo é o poder de Deus e a sabedoria de Deus" (1Cor 1,24b).
- "É por meio de Cristo que somos aceitos por Deus" (1Cor 1,30b).
- "Nós somos companheiros de trabalho, no serviço de Deus" (1Cor 3,9).
- "Vocês sabem que são o templo de Deus" (1Cor 3,16).
- "Vocês pertencem a Cristo e Cristo pertence a Deus" (1Cor 3,23).
- "... quem se une com o Senhor se torna, espiritualmente, uma só pessoa com ele" (1Cor 6,17).
- "O corpo de vocês é o templo de Espírito Santo" (1Cor 6,19a).
- "Quem ama a Deus é conhecido por ele" (1Cor 8,3).
- "Ai de mim se não anunciar o Evangelho!" (1Cor 8,16b).
- "Mesmo sendo muitos, comemos do mesmo pão, que é um só" (1Cor 10,17).
- "Façam tudo para a glória de Deus" (1Cor 10,31b).
- "Aqueles que são guiados pelo Espírito de Deus, são filhos de Deus" (Rm 8,14).

- "Como são grandes as riquezas de Deus" (Rm 11,33).
- "Tende em vós o mesmo sentimento de Jesus Cristo..." (Fl 2,5).
- "Vocês sabem que são o templo do Espírito Santo" (1Cor 3,16).
- "Façam tudo para a glória de Deus Pai" (1Cor 10,31b).
- "Sede meus imitadores, irmãos, e observai os que andam segundo o modelo que tendes em nós" (Fl 3,17).
- "Não foi para batizar que Cristo me enviou, mas para anunciar o Evangelho, sem recorrer à sabedoria da linguagem, a fim de que não se torne inútil a cruz de Cristo" (1Cor 1,17).

Identificar a sequência dos grupos relacionados aos temas, de acordo com a ordem em que os continentes foram evangelizados: Ásia, Europa, África, Oceania e América.

Conclusão
O que nós aprendemos?

15.6. Dinâmica de estudo dos temas – Júri simulado

Motivação
Todas as pessoas e toda a realidade humana têm dois lados: o lado bom e o lado menos bom. Em nossos relacionamentos somos constantemente avaliados. Nem mesmo Paulo e as primeiras comunidades foram isentas dessa realidade. No estudo do 14º livro, o personagem principal é Paulo, o apóstolo. À luz do estudo que fizemos, vamos discutir o que reconhecemos na pessoa de Paulo, enquanto missionário.

Objetivo
- Perceber o lado sombrio e luminoso da pessoa de Paulo.

- Personalizar esta descoberta em nossa missão evangelizadora.
- Debater o tema, levando todos os participantes do grupo a se envolverem.

Material

- O livro: *Em Jesus, Deus comunica-se com o povo* (VG 14).
- Fichas com duas cores, azul e branco, em número suficiente para os participantes.

Descrição da dinâmica

Solicitar aos grupos que revejam todos os temas do fascículo VG 14. Concluído o estudo em grupos, convidá-los a retornarem à sala da plenária. Esta já estará devidamente preparada para o júri simulado, cujo réu será Paulo, o apóstolo.

Os participantes do grupo serão subdivididos em dois grupos, segundo a escolha da cor da ficha, azul ou branca. O grupo com a cor azul será de acusação e o da cor branca, de defesa. Os participantes terão dez minutos para discutir o argumento de acusação e de defesa, escolhendo no seu final um representante que exponha, em três rodadas de um minuto, os argumentos contra e a favor.

Escolher dentre os participantes: *o juiz*, que dirige e coordena o andamento do júri; *o advogado de acusação*, que formula a acusação contra o réu; *o advogado de defesa*, que defende o réu e responde às acusações do advogado de acusação; *as testemunhas*, que falam a favor ou contra o acusado, colocando em evidência as qualidades do réu, as contradições e enfatizando os argumentos fundamentais; *o corpo de jurados*, que ouve todo o processo e, em seguida, vota a favor ou contra, definindo a pena. O número de participantes dos jurados deve ser constituído por um número ímpar; o público, formado por dois grupos – defesa e acusação –, ajuda seus advogados a prepararem a argumentação de acusação ou defesa; porém, durante o júri, permanecem em silêncio.

Passos:

- O coordenador apresenta o assunto e a questão a ser trabalhada, e também orienta os participantes e os prepara para o júri.
- O juiz abre a sessão. Inicia-se o julgamento.
- O advogado de acusação (promotor) acusa o réu com a questão em pauta.
- O advogado de defesa defende o réu.
- O advogado de acusação toma a palavra e continua a acusação.
- O advogado de defesa retoma a defesa.
- Intervenção da testemunha de defesa.
- Jurados defendem a sentença de acordo com o juiz.
- Suspende-se a sessão por cinco minutos.
- O júri resume os argumentos mais importantes e dá o seu parecer final.
- O público avalia o debate entre os advogados, destacando o que foi bom e colocando o que faltou.

Avaliação

Que proveito tiramos dessa dinâmica? O que mais nos agradou? Como nos sentimos?

15.7. Dinâmica de integração – O caminho de Paulo

Motivação

As comunidades cristãs, ao fazerem a experiência de Jesus, sentiram-se movidas a espalhar a Boa-Notícia por todos os quatro cantos da terra. Paulo foi um incansável apóstolo de Jesus Cristo. Não mediu esforços, sacrifícios, sofrimentos, cansaços e chegou a entregar a própria vida pela causa de Jesus. Como ele, foram tantos que viveram a mesma experiência, até agora! Hoje, vamos ver a ação missionária de Paulo na sua segunda, terceira e quarta viagens missionárias pela Ásia e Europa.

Objetivo

- Integrar o grupo, mediante uma palavra, por onde Paulo passou.
- Atentar-se para o ideal que impulsionou a ação missionária de Paulo e seus companheiros.
- Sensibilizar-se pelo envolvimento na missão com a Palavra.

Material

- Fichas com os nomes dos lugares por onde Paulo e os missionários passaram (Antioquia da Síria, Selêucia, Chipre, Antioquia da Psídia, Atália, Perge, Icônio, Derbe, Filipos, Anfípolis, Tessalônica, Bereia, Atenas, Corinto, Éfeso, Cesareia, Jerusalém, Tarso, Listra, Frígia, Neápolis, Damasco, Galácia, Trôade, Mileto, Samos, Larissa, Roma, Malta, Creta).
- Aparelho de CD.
- CDs de música.
- Pincel atômico.
- Fita crepe ou alfinete.

Descrição da dinâmica

Pedir aos participantes do grupo que formem pares, um de frente para o outro, e fiquem de olhos fechados. Em seguida, o assessor cola nas costas de cada participante a folha com o nome de um lugar por onde Paulo e sua equipe passaram. Cada pessoa deve fazer de tudo para ler a palavra que está nas costas do colega, mantendo as mãos para trás. Cuidar para que um não leia a palavra do outro. Quando todos descobrirem a palavra ou se cansarem, partilhar dois a dois sobre o que conhece da sua palavra.

Conclusão

Como foi a participação nesta brincadeira?

15.8. Filme: *Paulo de todos os povos*[4] – Parte 2

O tema do décimo quarto livro, *Em Jesus, Deus comunica-se com o povo*, é sobre a atuação missionária dos discípulos de Jesus, fora da terra de Israel. Neste contexto situa-se, de modo especial, a ação missionária de Paulo, Barnabé e seus colaboradores. O autor do livro de Atos dos Apóstolos organiza, em três grandes viagens missionárias, a atuação de Paulo e seus colaboradores. Na quarta e última viagem para Roma, onde Paulo continua a sua missão mesmo preso, é submetido ao martírio. O filme *Paulo de todos os povos – Parte 2*, mostra as dificuldades que eles encontraram na missão entre os gentios. Que tipo de dificuldades Paulo enfrentou para levar a fé? Que tipo de dificuldades enfrentamos hoje?

15.9. Exercício de síntese – *Em Jesus, Deus comunica-se com o povo*

(As questões são respondidas individualmente.)

1. O que significou para os primeiros cristãos viverem na diáspora? E para o nosso povo, hoje?

---

[4] *PAULO de todos os povos* – Parte 2. Direção: Roger Young. São Paulo: Paulinas/Multimídia, 2002. 1 DVD (87 min aprox.), son, color.

2. Ler Atos dos Apóstolos 8,3; 9,1-30; 22,5-16; 26,9-18; Gl 1,12-17. O que significou para a vida do Apóstolo Paulo a experiência retratada nesses textos?

3. O que representou Antioquia da Síria para o Apóstolo Paulo e para as primeiras comunidades cristãs?

4. Observar em suas leituras, sobretudo das viagens missionárias de Paulo e de seus colaboradores do Evangelho, as dificuldades e alegrias que viveram na missão. Quem são as pessoas que realizam com você a missão? Quais são as suas dificuldades e alegrias nessa missão?

5. O que chamou a sua atenção na primeira viagem missionária do Apóstolo Paulo (cf. At 13–14).

6. Na segunda viagem missionária, relatada em Atos 15,36–18,23, o Apóstolo Paulo chega à Europa, evangelizando em muitas de suas cidades. Descreva, em síntese, o que chamou mais sua atenção sobre as experiências vividas por ele nessa viagem.

7. Ler a Primeira Carta aos Tessalonicenses, primeiro escrito do Segundo Testamento. Fazer o levantamento das dificuldades que vivia essa comunidade. Tente formular perguntas que estão na base desse escrito.

15.10. Olhar retrospectivo

(As questões são respondidas individualmente.)

1. Iniciei o meu dia...

2. As dinâmicas usadas durante o curso...

3. Percebi no meu dia a dia que...

4. Palavra aberta...

15.11. Momento celebrativo: Oração final – O testemunho de Paulo nos impulsiona

Motivação

Vimos nos dois últimos fascículos da VG 13 e 14 como os discípulos e as comunidades cristãs que nasceram a partir da experiência de Jesus começaram a crer nele, apostar no seu projeto de vida. Quase todos eles deram a vida pela sua causa, a causa do Reino. Além de Pedro, sobretudo Paulo foi um ardoroso apóstolo de Jesus Cristo. Sua fé e sua paixão por Jesus eram acompanhadas de perseguições, incompreensões, muito sofrimento. Em meio a tudo isso, mantinha sua fidelidade a Jesus e às comunidades que foi evangelizando. Não mediu esforços, sacrifícios, como ele mesmo falou em 2 Coríntios 11.

Canto: "São Paulo".[5]

Texto bíblico: 2Cor 11,1-30 – Paulo é constrangido a elogiar a si próprio.

Comentário

O testemunho de Paulo nos impressiona e suscita profunda admiração. Mas sugere-nos questões como, até o momento, qual foi o "preço" que eu já paguei por causa da minha fé em Jesus? Qual foi o sofrimento que eu já enfrentei para ser fiel a esta fé? Qual o meu testemunho diante das dificuldades de relacionamento com os outros?

Partilha em dupla

Canto: "É Cristo que vive em mim".[6]

Oração partilhada: partilhar a reflexão em dupla e, depois, fazer uma oração espontânea, com base na partilha feita pelo colega, e não sobre a minha reflexão.

---

[5] SILVA, Geraldo Carlos; ALMEIDA, João Carlos. São Paulo. CD: *Santos do povo*. São Paulo: Paulinas/Comep, 1998. Faixa 6.

[6] TURRA, Fr. Luiz. É Cristo que vive em mim. CD: *Palavras sagradas de Paulo Apóstolo*, cit. Faixa 10.

Canto: "É Cristo que vive em mim".

(Observação: Antes da bênção final, lembrar aos participantes de trazerem para o próximo encontro os quinze livros da Visão Global da Bíblia que estudamos neste ano.)

Invoquemos a bênção do Senhor sobre nós

O Senhor nos abençoe e nos conceda acolher, respeitar e promover a diversidade de dons que há em cada ser humano, e que eles encontrem o espaço para desabrochar e enriquecer as pessoas na família, no trabalho, na Igreja, na sociedade, nos grupos.

O Senhor abençoe a cada um que participou e colaborou neste encontro. Estendendo as nossas mãos, invoquemos sobre nós e sobre cada ser humano a bênção de Deus:

"O Senhor te abençoe e te guarde! O Senhor faça resplandecer o seu rosto sobre ti e te seja benigno! O Senhor mostre para ti a sua face e te conceda a paz!" (Nm 6,24-26).

Bendigamos ao Senhor! Amém.

(No final do 15º Encontro, entregar aos participantes a proposta abaixo.)

> Ciente do caminho percorrido no estudo da Palavra, e da responsabilidade que o Batismo me conferiu de ser multiplicador da Palavra no meio onde vivo e atuo, proponho-me a elaborar um projeto concreto de repassar o estudo bíblico e a Leitura Orante (por exemplo: na família, na comunidade, na Igreja, com os vizinhos ou outros grupos) por escrito e lê-la como compromisso de missão no momento celebrativo do 16º e último encontro.

16º encontro
Caminhamos na história de Deus

16.1. Preparação do encontro

Leituras indispensáveis

Ler: *Caminhamos na história de Deus* (VG 15).

Ler: *Comunidades cristãs e sua organização* – Hebreus; Apocalipse; João; Judas; 1-2-3 João; 1-2 Timóteo; Tito; 2 Pedro.

Textos e indicação de cantos

Exercício de síntese; CDs com a indicação dos cantos; olhar retrospectivo.

Recursos pedagógicos

Linha do Tempo, reproduzida em pano ou papel, conforme a indicação do mapa n. 42, no livro: *Caminhamos na história de Deus* (VG 15); ficha com os seis sentidos: intuição, mãos, olhos, boca, orelha, nariz; olhar retrospectivo; pincéis atômicos grandes; papel ofício; caneta hidrocor pequena.

Faixas com os temas: O mistério fascina e atrai; A história leva-nos para o novo; Muitos deuses e pouca humanidade; A fé percorre um caminho; A idade madura da fé; Deus comunica-se em nossa história.

Faixas com os fatos: Tradições orais; Cidades-Estados de Canaã; Formação do povo; Período tribal; monarquia unida; Reino do Norte; Reino de Judá; Dominação assíria; Dominação persa;

Dominação greco-helenista; Dominação romana; Grupo abraâmico; Queda da Samaria; Queda de Jerusalém; Dinastia asmoneia; Livro de Amós; Evangelho de Marcos; Devolução dos objetos do Templo; Resistência dos Macabeus.

Faixas com as datas: 1800 a.E.C.; 1250 a.E.C.; 1000 a.E.C.; 722 a.E.C.; 587 a.E.C.; 538 a.E.C.; 333 a.E.C.; 198 a.E.C.; 63 a.E.C.; + 06 a.E.C.; 34 E.C.; 70 E.C.; 96 E.C. ; 135 E.C.

16.2. Sugestão de programa – Caminhamos na história de Deus

08:00 – Leitura Orante: "Da memória histórica à Palavra viva"

08:50 – Introdução ao tema: Caminhamos na história de Deus

10:00 – Dinâmica de formação de grupos: "A comunicação de Deus tocou todo o nosso ser"

10:15 – Intervalo

10:30 – Dinâmica de estudo dos temas: "Revisitando os tempos sagrados"

11:30 – Apresentações em plenária

12:00 – Almoço

13:15 – Dinâmica de integração: "Caminho"

14:00 – Recapitulação: "Trazendo ao presente as luzes do passado"

15:30 – Intervalo

15:45 – Momento celebrativo: "Nós plantamos e regamos, Deus faz crescer"

17:30 – Olhar retrospectivo

18:00 – Conclusão do encontro

16.3. Leitura Orante – Da memória histórica à Palavra viva

Motivação

Com o encontro de hoje, chegamos ao final de uma etapa na qual estudamos a Visão Global da Bíblia. Foi uma trajetória longa, que abrangeu quase dois mil anos de história do povo de Israel. Estudamos não a exatidão dos fatos, mas como o povo viu e releu a sua história. Esta é inquestionável. Não podemos mudá-la, mas sim levantar hipóteses, conjecturas, aprofundá-la. Hoje, vamos fazer a nossa Leitura Orante sobre o texto de Hebreus 11,1-40. Já no período final do primeiro século da Era Cristã, houve um cristão, ou um pregador ambulante, segundo Vanhoye, que teria escrito "a carta aos Hebreus", tendo um olhar retrospectivo sobre a fé de Abraão. Aliás, Vanhoye diz que este escrito não é de Paulo, não é aos Hebreus, nem é carta.[1]

Recordando os passos da Leitura Orante

Leitura: O que o texto diz? Depois da leitura do texto, pode-se repetir a palavra ou frase do texto que mais chamou sua atenção. Não importa se é a mesma que alguém já falou.

Meditação: O que o texto diz para mim? Aqui, pode-se partilhar por que a palavra ou frase, falada em voz alta ou não, chamou sua atenção.

Contemplação: O que a palavra me levou a experimentar? É o momento de reviver, na experiência retratada na palavra, a minha experiência, percebendo as moções do Espírito.

Oração: O que o texto me leva a falar com Deus? Falar com Deus em primeira pessoa sobre o que esta palavra suscitou em mim.

Ação: O que a palavra me pede para viver? Escolhe-se um gesto concreto para viver até a próxima Leitura Orante.

---

[1] VANHOYE, Albert (Cardinale). *La struttura letteraria della Lettera agli Ebrei*. Tournai: Desclée de Brouwer, 1963.

Canto: "Cantoria para o Divino".[2]
Refrão: Creio, Senhor, mas aumentai minha fé.
Texto: Hb 11,1-40 – Da memória histórica à Palavra viva.
Canto: "Eu creio".[3]
Oração: O Senhor nos abençoe e nos ajude a viver e a testemunhar a nossa fé, como o fizeram os pais da nossa fé, sem medo nem vergonha de sermos cristãos. Por Jesus Cristo, nosso Senhor. Amém.

16.4. Introdução ao período final do Segundo Testamento – Caminhamos na história de Deus

Caminhamos na história de Deus trata do período final do primeiro século, dos anos 70 a 135 da E.C. É o período da organização das comunidades. A capa retrata a caminhada do povo de ontem e de hoje rumo ao encontro com Deus, sentido último de nossa peregrinação. O contexto histórico, político, religioso do final do primeiro século é de perseguição aos cristãos, de falsas interpretações da pessoa de Jesus e dos seus ensinamentos. A religião dos mistérios, as filosofias de vida e o gnosticismo são movimentos fortes no final do primeiro século e influenciaram nas comunidades cristãs.

A religião dos mistérios estava ligada basicamente aos dois ciclos da vida: o nascimento e a morte. Os adeptos passavam por um rito de iniciação para aprender as fórmulas sagradas, os sinais simbólicos por meio dos quais se comunicavam e se reconheciam entre si. Eram levados a viver sucessivamente sentimentos de alegria e dor, carência e plenitude para chegarem a um estado de "indiferença" ou equilíbrio tal que nada os abalava. Era o estado de bem-aventurança, muito próximo de alcançarem a imortalidade.

---

[2] MARTINS, José. Cantoria para o Divino. CD: *Certezas*. São Paulo: Paulinas/Comep, 1997. Faixa 7.

[3] VICENTE, Zé. Eu creio. CD: *Festa dos pequenos*, cit. Faixa 4.

O estoicismo era uma das escolas de filosofia popular muito forte no tempo de Paulo e, de certa forma, influenciou bastante nos seus escritos. Eles cultivavam um elevado ideal de vida e buscavam a liberdade interior diante dos bens deste mundo. Muitos escritos do Segundo Testamento refletem a influência da escola estoica.

O gnosticismo é um movimento muito forte no final do primeiro século. Formou-se paralelamente à fé cristã. Tem sua visão sobre a salvação, a qual pode ser alcançada pelo conhecimento humano. Deus é para eles desconhecido e transcendente, não é o mesmo de Abraão, Isaac e Jacó. O ser humano aprisiona no seu corpo uma centelha de luz, mas é escravo do demiurgo, em busca de libertação. Esse movimento trouxe muitas dificuldades para os cristãos e, ao mesmo tempo, deixou suas marcas nos escritos do final do primeiro século. Do quarto ao sexto temas, teremos uma visão geral dos 20 escritos do Segundo Testamento, situados no provável contexto geográfico e eclesial onde eles teriam nascido, desde a terra de Israel, passando pela Antioquia da Síria, Éfeso, na Ásia Menor, até chegar à Grécia. Concluindo, temos uma síntese do caminho que percorremos, desde o primeiro livro até este que estamos estudando hoje.

16.5. Dinâmica de formação de grupos – A comunicação de Deus tocou todo o nosso ser

Motivação

Neste ano, empenhamos todos os nossos sentidos para darmos conta de nossa caminhada. Chegamos até aqui porque fomos capazes de *ouvir* os nossos colegas, dar nossa contribuição pela leitura e estudo dos textos. Partilhamos nossa experiência e reflexão, como também a alegria do convívio durante os lanches, regados por um café bem cheiroso. Expressamos o dinamismo da vida, revelado em nossa comunicação pelos gestos e toques, demonstrando, pelas expressões faciais, as intuições e as experiências que tivemos sobre Deus, na caminhada da história do povo e da nossa própria história.

Caminhamos na história de Deus

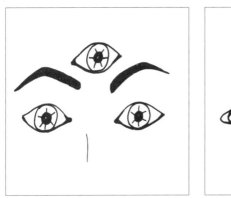
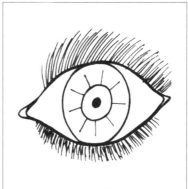
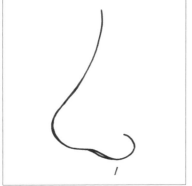
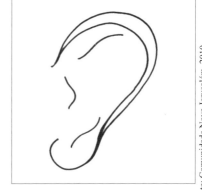

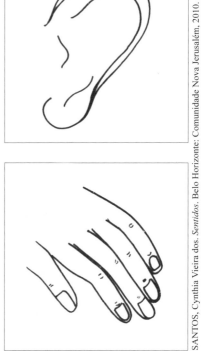

SANTOS, Cynthia Vieira dos. *Sentidos*. Belo Horizonte: Comunidade Nova Jerusalém, 2010.

265

Objetivo

Formar 6 grupos de estudo, identificados pelos 6 sentidos (audição, visão, paladar, tato, olfato, intuição). Esta atividade nos envolve com todos os nossos sentidos.

Material

- Fichas com desenhos, representando, cada uma, um dos sentidos humanos.
- Aparelho de CD.
- CD com músicas suaves.

Descrição da dinâmica

Colocar as fichas dentro de um cestinho, mantendo o verso delas voltado para cima, ocultando-lhes, assim, o desenho. Cada participante pegará uma ficha. Em seguida, serão formados os grupos de acordo com as fichas retiradas. Depois, tendo sido formados os subgrupos, vão se distribuir os temas da VG 15 para a revisão do estudo já realizado extraencontro.

Conclusão

Partilhar a experiência vivida.

16.6. Dinâmica de estudo do conteúdo – Revisitando os tempos sagrados

Motivação

Todo ser humano e todo povo tem uma história. Nós temos a nossa história pessoal, que surge a partir de uma família, de uma comunidade, de uma sociedade, de um povo. Durante este tempo de estudo conhecemos a história do povo de Deus, sua caminhada desde o início na fase das tradições orais, sua formação em grupos, tribos, a monarquia, o exílio, as diferentes dominações. Conhecemos Jesus, as primeiras comunidades cristãs e os escritos que foram surgindo ao longo desses mais de mil anos. Uma história bonita, mesmo com seus altos e baixos. Uma história construída na fé do Deus que caminha com o seu povo. Hoje, vamos estudar a parte final, que abrange dos anos 70 a 135 E.C. O período final da formação dos escritos do Segundo Testamento.

Objetivo

- Dar oportunidade a todos os membros do grupo de participarem da síntese do texto da VG 15.
- Recapitular, em mutirão, o período final do Segundo Testamento, na sequência dos temas.
- Partilhar a experiência vivida no estudo feito.

Material

- Os 15 volumes da Série Visão Global da Bíblia.
- Faixas de cartolina.
- Pincel atômico.

Descrição da dinâmica

Os temas de 1 a 3 serão estudados e correlacionados com a situação socioeconômica e religiosa do nosso tempo. Os temas 4 a 6 serão estudados e aprofundados com os escritos que surgiram nessa época, ressaltando os temas centrais de cada bloco de escritos.

Conclusão

Com qual das etapas da história do povo de Deus eu mais me identifiquei?

16.7. Dinâmica de integração – Caminho

Motivação

Todo ser humano, desde o seu nascer, começa construindo a sua história, tanto a familiar como a do seu povo. Durante este ano, tivemos a possibilidade de reconstruirmos, por meio dos personagens, dos fatos, do contexto geográfico, a história do povo de Deus de ontem e de hoje. Uma história feita de altos e baixos. Assim foi a nossa caminhada durante este tempo, feita também de altos e baixos, de alegrias e dificuldades.

Objetivo

- Avaliar a caminhada do estudo dos 15 fascículos da Visão Global da Bíblia.
- Partilhar as maiores alegrias e dificuldades vividas durante este ano.
- Reconhecer-se forte e vitorioso por ter percorrido este caminho.

Material

- Folhas de papel ofício.
- Caneta hidrocor.
- Aparelho de CD.
- CD de música suave.
- Areia, folhagens, pedras...

Descrição da dinâmica

Pedir para cada participante desenhar um caminho, representando nele, com símbolos, suas maiores alegrias, dificuldades, investimentos durante esse tempo. Depois, partilhar em plenária a maior alegria e a maior dificuldade vivida durante essa caminhada.

Conclusão

O que significou para você a dinâmica realizada?

16.8. Revisão de conteúdo – Trazendo ao presente as luzes do passado

Motivação

No início do nosso curso: Visão Global da Bíblia, construímos a Linha do Tempo com os principais personagens da história do povo da Bíblia. Hoje, depois de termos mergulhado nas etapas de sua história e percorrido o caminho, estamos muito mais enriquecidos. Conhecemos já os seus grandes períodos, os principais acontecimentos, as datas mais importantes e as regiões onde esta história foi vivida. Hoje vamos refazer a Linha do Tempo e colocar nela não mais os personagens, mas as datas principais, alguns lugares, fatos, nome de impérios e alguns escritos, para vocês situarem nos seus respectivos períodos.

Objetivos

- Recapitular as principais datas, lugares, fatos, nomes de impérios e alguns escritos do povo de Deus.
- Fazer uma retrospectiva, em grandes linhas, da primeira série Visão Global da Bíblia.

Tempo: 30 minutos.

Material

Corda de 30 metros de comprimento; prendedores de roupa; pincéis atômicos; faixas de papel com os escritos: Tradições Orais; Cidades-Estados de Canaã; Formação do povo; Período tribal; monarquia unida; Reino de Israel; Reino de Judá; Dominação assíria; Dominação persa; Dominação greco-helenista; Dominação romana; Grupo abraâmico; Queda da Samaria; Queda de Jerusalém; Dinastia asmoneia; Livro de Amós; Evangelho de Marcos; Devolução dos objetos do Templo; Resistência dos Macabeus; Simão Bargiora, Domiciano; Morte de Estêvão.

Num segundo momento, o grupo que pegou as datas vai colocá-las antes dos acontecimentos a que se referem: 1800 a.E.C.; 1250 a.E.C.; 1000 a.E.C.; 722 a.E.C.; 587 a.E.C.; 538 a.E.C.; 333 a.E.C.; 198 a.E.C.; 63 a.E.C.; + 06 a.E.C.; 34 E.C.; 70 E.C.; 96 E.C.; 135 E.C.

Descrição da dinâmica

Dividir os participantes em dois grupos. Entregar para o primeiro grupo faixas escritas com os períodos da história do povo da Bíblia, nome dos impérios, de alguns livros da Bíblia. Pedir que pendurem as faixas na corda, conforme a sequência dos acontecimentos. Entregar aos participantes do segundo grupo as faixas contendo as datas para serem penduradas antes dos acontecimentos já colocados pelo primeiro grupo.

Verificação

Avaliar com os participantes se o local onde foram colocados os nomes, os acontecimentos e as datas correspondem ao estudo feito. Fazer esta verificação com o Quadro Cronológico da *Bíblia de Jerusalém*, ou preparar com antecedência a indicação por meio das citações bíblicas.

Conclusão

Partilhar a experiência vivida.

16.9. Exercício de síntese – Caminhamos na história de Deus

(As questões são respondidas individualmente.)

1. O que significou para o povo e seus dirigentes a primeira grande revolta judaica no ano 70 da E.C.?

2. Quem era Bar Kochba? E o que ele fez de importante para o seu povo?

3. Faça uma síntese de sua pesquisa sobre os gnósticos que deram origem ao gnosticismo.

4. Quais movimentos religiosos e/ou filosóficos constituíam uma ameaça à fé dos primeiros cristãos? Por quê?

5. O que você entendeu sobre a expressão "Igrejas domésticas"?

6. De quem são as cartas Deuteropaulinas? Quais são e quais seus principais assuntos?

7. O que você entende por Evangelhos Sinóticos?

8. Cada autor dos Evangelhos Sinóticos serviu-se de quantas e quais fontes para compor seu Evangelho?

9. Explique os enunciados: "Cartas Pastorais; Cartas Deuteropaulinas; Cartas católicas", e quais escritos cada enunciado compreende.

16.10. Olhar retrospectivo

(As questões são respondidas individualmente.)

1. Considero a minha caminhada no curso... _

2. Minha aprendizagem e vivências em relação ao conteúdo...

3. Nas relações intrapessoais e interpessoais (comigo mesmo, com os colegas, a coordenação e assessoria), as minhas experiências foram...

4. O jeito de estudar, a metodologia usada nos encontros, as dinâmicas, os trabalhos em grupo favoreceram o seu aprendizado? Justifique.

5. O que eu gostaria de melhorar para o próximo ano, para crescer mais na minha caminhada e estudo?

6. Palavra aberta...

16.11. Momento celebrativo: Oração final – Nós plantamos e regamos, Deus faz crescer

Motivação

Durante este tempo de caminhada, muitas sementes da Palavra caíram no terreno de nosso coração. Sementes que vieram da Palavra de Deus, dos coordenadores, de nossos colegas, da comunidade e da família. Qual foi o terreno que estas sementes encontraram? Foi um terreno duro, cheio de espinhos, de pedregulhos? Ou um terreno fértil, aberto para acolher a vida e fazê-la frutificar? Que sementes meu coração fez brotar nesse tempo de caminhada?

Canto: "Fé".[4]

1º Momento

Colocar no centro da sala, em destaque, a Bíblia, uma vela acesa e, ao seu redor, os desenhos que cada um dos cursistas fez para simbolizar a sua caminhada. Enquanto vão expondo, canta-se:

Canto: "Pra não dizer que não falei das flores".[5]

2º Momento

Celebração da memória da caminhada do curso Visão Global. Cada participante traz a Série Visão Global da Bíblia em mãos. No centro da sala está exposta a Bíblia aberta, uma vela acesa e a Linha do Tempo. Todos estão sentados em círculo, enquanto o coordenador inicia a leitura de "Retrospectiva em grandes linhas da primeira série Visão Global", no livro 15, da página 93, primeiro

---

[4] CARLOS, Roberto. Fé. CD: *Mensagens*, cit. Faixa 7.

[5] VANDRÉ, Geraldo. Pra não dizer que não falei das flores (Caminhando e Cantando), apud: CNBB. *Ofício Divino das Comunidades* – 2, cit., p. 237.

parágrafo. Ao terminar a leitura, cada um dos participantes coloca no centro o primeiro livro da série Visão Global da Bíblia, formando um círculo ao redor dos símbolos. Assim, sucessivamente com os demais volumes, até o VG 15. À medida que os participantes vão se movimentando, canta-se:

Refrão: Indo e vindo, trevas e luz, tudo é graça, Deus nos conduz. (bis)[6]

3º Momento

Deixar um espaço livre para que cada participante leia, identificando-se, diante do grupo, com seu compromisso de missão. Após cada leitura do compromisso feito, cantar:

Refrão: Vai trabalhar pelo mundo afora. Eu estarei até o fim contigo! Está na hora, o Senhor me chamou. Senhor, aqui estou![7]

Canto: "Águia Pequena".[8]

Invoquemos a bênção do Senhor sobre nós

O Senhor nos abençoe e nos conceda viver a fé, como Abraão e Sara, Isaac e Rebeca, Jacó, Lia e Raquel, Moisés e Séfora, Paulo, Maria e Tecla. Eles fizeram história e prosseguiram na fé "como se visse o invisível" (Hb 11,27) e realizaram o projeto de Deus.

O Senhor abençoe a cada um que participou e colaborou neste encontro. Estendendo as mãos, invoquemos sobre nós e sobre cada ser humano a bênção de Deus: "O Senhor te abençoe e te guarde! O Senhor faça resplandecer o seu rosto sobre ti e te seja benigno! O Senhor mostre para ti a sua face e te conceda a paz!" (Nm 6,24-26).

Bendigamos ao Senhor! Amém.

---

[6] CNBB. Indo e vindo. CD: *Ofício Divino das Comunidades* – 9; refrões meditativos, cit.
[7] São Paulo: Paulinas/Comep. Direitos reservados.
[8] OLIVEIRA, José Fernandes de (Pe. Zezinho, scj). Águia pequena. CD: *Sol nascente, Sol poente*. São Paulo: Paulinas/Comep, 1998. faixa 4.

Bibliografia

Bibliografia básica sobre *Lectio Divina*/Leitura Orante

ALEXANDRE, Dolores. *Narrar Jesus*; Leitura Orante de textos do Evangelho. São Paulo: Paulinas, 2009. (Coleção Espiritualidade Bíblica.) É uma introdução sobre o método e os roteiros preparados.

AUTH, Romi. *Iniciação à leitura da Bíblia*. São Paulo: Paulinas/Serviço de Animação Bíblica, 2007. pp. 15-18. Explica os passos da Leitura Orante, seguida pelo SAB.

CONFERÊNCIA DOS RELIGIOSOS DO BRASIL. *Leitura Orante da Bíblia*. São Paulo: CRB/Loyola, 1990. (Coleção Tua Palavra é Vida, n. 1.)

LA CASA DE LA BIBLIA. *Leitura bíblica em grupo*; doze roteiros para a Leitura Orante. São Paulo: Paulinas, 1990. Apresenta outros passos da Leitura Orante; o que é interessante para conhecimento de diversos métodos.

MASINI, Mario. *Maria, o espírito e a Palavra*; *Lectio Divina* sobre textos marianos. São Paulo: Paulinas, 2002. Contém roteiros.

SECONDIN, Bruno. *Leitura Orante da Palavra*; *Lectio Divina* em comunidade e na paróquia. São Paulo: Paulinas, 2004. pp. 5-56. Há boa introdução sobre a Leitura Orante, e também várias práticas de como fazê-la com textos específicos.

SILVA, Raimundo Aristides da (Pe. Ray). *Leitura Orante*; caminho de espiritualidade para jovens. 2. ed. São Paulo: Paulinas, 2002. São roteiros.

WEISENSEE HETTER, Jesús Antonio. *Eis a tua mãe*; *Lectio Divina*. São Paulo: Paulinas, 2004. Contém a síntese dos passos da Leitura Orante e vários roteiros preparados com diferentes textos bíblicos.

Bibliografia básica para as dinâmicas

ANTUNES, Celso. *Manual de técnicas de dinâmicas de grupo de sensibilização de ludopedadogia*. 5. ed. Petrópolis: Vozes, 1997.

BITTENCOURT, J. Eduardo; SOUZA, S. Jeremias de. *Como fazer dinâmicas*; para catequese, homilias, encontros e palestras. São Paulo: Ave-Maria, 2004. p. 40.

CASTILHO, William César Pereira. *Dinâmicas de grupos populares*. 4. ed. Petrópolis: Vozes, 1986.

DEL VALLE, Madalena Gomide. *Aprendendo a estudar*. 2. ed. Editora do Livro Técnico, 1975.

FRITZEN, S. José. *Exercícios práticos de dinâmica de grupo*. Petrópolis: Vozes, 1981. v. I e II.

GONZALEZ, Miguel. *Você não é uma ilha*; dinâmicas de grupo. São Paulo: Paulinas, 2002.

GONÇALVES, A. Maria; PERPÉTUO, Susan Chiode. *Dinâmica de grupos na formação de lideranças*. Rio de Janeiro: DP&A, 1998. p. 152.

LIMA, Lauro de Oliveira. *Treinamento em dinâmica de grupo, no lar, na empresa, na escola*. Petrópolis: Vozes, 1970.

MANUAL para Educadores de Adolescentes de Comunidades Populares. Bahia: Fundação Odebrecht/Mosteiro de São Bento.

MANUAL do Multiplicador Adolescente. Brasília: Ministério da Saúde/Secretaria de Projetos Especiais de Saúde, 1997.

MIRANDA, Simão de. *Oficina de dinâmica de grupos, para empresas, escolas e grupos comunitários*. 4. ed. São Paulo: Papirus Editora, 1998.

OLIVEIRA, Ivani de; MEIRELES, Mário. *Dinâmicas para Encontro de Jovens*; o encontro de dinamizar e evangelizar. 3. ed. São Paulo: Paulinas, 2004.

PEREIRA, M. Salete. *Jogos na escola, nos grupos, na catequese*. São Paulo: Paulus, 1981. p. 121.

PROJETO ACOLHER. Brasília: Associação Brasileira de Enfermagem/Ministério da Saúde.

ROESE, Anete. *Bibliodrama*; a arte de interpretar textos sagrados. São Leopoldo: Sinodal, 2007. p. 147.

SILVA, Elizabeth Nascimento. *Recreação na sala de aula, de 5ª a 8ª série*. Rio de Janeiro: Editora Sprint, 1996.

SUÁREZ, Oscar. *Oficinas para o crescimento em grupo*. São Paulo: Paulinas, 2001. p. 124.

VV.AA. *Jogos de cintura*. Petrópolis: Vozes, 2006. p. 103.

Livros de músicas

CNBB. *Ofício Divino das Comunidades II*; livro de partituras. São Paulo: Paulus, 2005.

VV.AA. *Mil e uma canções para o Senhor*. São Paulo: Paulinas/Comep, 2002.

CDs Paulinas/Comep

CANTORES de Deus. *Em verso e em canção*. São Paulo: Paulinas/Comep, 2001.

CARDOSO, Antônio. *Diante de Ti*. São Paulo: Paulinas/Comep, 2010.

GRUPO Chamas. *Ouço tua voz*. São Paulo: Paulinas/Comep, 2006.

MARTINS, José. *Certezas*. São Paulo: Paulinas/Comep, 1997.

OLIVEIRA, José Fernandes de (Pe. Zezinho, scj). *Canções em fé maior*. São Paulo: Paulinas, 1998.

_____. *Meu irmão crê diferente*. São Paulo: Paulinas/Comep, 1987.

_____. *Missa: fazedores da paz*. São Paulo: Paulinas/Comep, 1994.

_____. *Oremos pela terra*. São Paulo: Paulinas/Comep, 2010.

_____. *Sem ódio e sem medo*. São Paulo: Paulinas/Comep, 2010. Remasterizado.

_____. *Sol nascente, Sol poente*. São Paulo: Paulinas/Comep, 1998.

_____. *Um certo Galileu* – 1. São Paulo: Paulinas/Comep, 1987.

PEQUENOS Cantores de Apucarana. *Mestre, onde moras?* A vida ressurgiu. São Paulo: Paulinas/Comep, 1987.

_____. *Tua Palavra permanece*; o chamado. São Paulo: Paulinas/Comep, 1987.

RIBEIRO, João Carlos (Pe.). *Grãos de areia*. São Paulo: Paulinas/Comep, 1998.

SANTANA, José Acácio. *Santíssima Trindade*. São Paulo: Paulinas/Comep, 1998.

TAIZÉ. *Coração confiante*. São Paulo: Paulinas/Comep, 1999.
TREVISOL, Jorge. *Amor, mística e angústia*. São Paulo: Paulinas/Comep, 1999.
_____. *Mistério, amor e sentido*. São Paulo: Paulinas/Comep, 1987.
TURRA, Fr. Luiz. *Palavras sagradas de Paulo Apóstolo*. São Paulo: Paulinas/Comep, 2010.
_____. *Mantras: para uma espiritualidade de comunhão*. São Paulo, Paulinas/Comep, 2010.
_____. *Reino sem fronteira*. São Paulo: Paulinas/Comep, 1998. Série Deus Conosco – Tempo Comum 1.
SILVA, Geraldo Carlos; ALMEIDA, João Carlos. *Santos do povo*. São Paulo: Paulinas/Comep, 1998.
VV.AA. *Canções para orar* – 1 e 2. São Paulo: Paulinas/Comep, 1998.
VV.AA. *Louvemos o Senhor* – 1 e 2. São Paulo: Paulinas/Comep, 1999.
VV.AA. *Salmos: oração do povo a caminho*. São Paulo: Paulinas, 1998.
VV.AA. *Sanctus*; música instrumental para reflexão e celebrações. São Paulo: Paulinas/Comep, 2001.
VELOSO, Reginaldo. *Canto do chão*; tempo de mudar. São Paulo: Paulinas/Comep, 1999.
VICENTE, José. *Coletânea*. São Paulo: Paulinas/Comep, 2010. Série Ouro.
_____. *Essa chama não se apaga*. São Paulo: Paulinas/Comep, 2010.
_____. *Festa dos pequenos*. São Paulo: Paulinas/Comep, 1994.
_____. *Nas horas de Deus, amém*. São Paulo: Paulinas/Comep, 1998.

Outros CDs

CNBB. *Ofício Divino das Comunidades* – 9; refrões meditativos. São Paulo: Paulus, 2003.
KOLLING, Ir. Miria T. *Adoremus 1*. São Paulo: Associação do Senhor Jesus, 1995.
MINISTÉRIO Pentecostes. *Sonda-me*. São Paulo: CODIMUC, 2000.
VV.AA. *Liturgia XV* – Ano C. São Paulo: Paulus, 2005.

CDs de MPB

BUARQUE, Chico. *Chico Buarque*. São Paulo: Universal Music, 2005. (Coleção Novo Millennium.)
CARLOS, Roberto. *Mensagens*. São Paulo: Sony/BMG, 1999.
CAZUZA. *Cazuza*. São Paulo: Universal Music, 2001. (Coleção Millennium.)
GERALDO, Zé. *Zé Geraldo: cidadão*. São Paulo: Sony/BMG, 2001.
NASCIMENTO, Milton. *Milton Nascimento*. São Paulo: Universal Music, 1998. (Coleção Millennium.)
_____. *Missa dos Quilombos*. São Paulo: Universal Music, 2000.
NUNES, Clara. *Clara Nunes: sempre*. São Paulo: Som Livre, 2008.
URBANA, Legião. *As quatro estações*. São Paulo: Sony/BMG, 1990.
VALENÇA, Alceu. *Alceu Valença*. São Paulo: Universal Music, 1998. (Coleção Millennium.)
VELOSO, Caetano. *Caetano Veloso*. São Paulo: Universal Music, 1999. (Coleção Millennium.)

Filmes

A MISSÃO. Direção: Robert de Niro e Jeremy Irons. Manaus-AM: Videolar. 1 DVD (124 min), son., color, dublado em português; legenda em português, espanhol, inglês.
ANEL de Tucum. Direção: Conrado Berning. São Paulo: Verbo Filmes, 1994. 1 DVD (70 min), son, color. Idioma: português.
BÍBLIA ONTEM E HOJE: uma história de vida e fé. Direção: Carmem Maria Pulga. São Paulo: Paulinas/Multimídia, 2006. 1 DVD (70 min), son, color.
IL VIOLINISTA Sul Tetto. Direção: Norman Jewison. Artwork e Design. Milano – Itália, 1971. 2 DVD. Partes 1 e 2 (170 min aprox.), son, color. Línguas: italiano e inglês. Dublado: italiano.
NARRADORES de Javé. Direção: Eliane Café. Manaus-AM: Videolar, 2003. 1 DVD (102 min aprox.), son., color. Idioma falado: português. Legendado: inglês, português e francês.

O QUARTO Sábio. Direção: Michael Ray Rhodes. São Paulo: Paulinas/ Multimídia, 2004. 1 DVD (85 min), son, color. Áudio: inglês, português, espanhol.

OLGA: muitas paixões numa só vida. Direção: Jayme Monjardim. Manaus-AM: Videolar, 2005. 1 DVD (140 min), son., color. Idioma: português. Legendas: português, inglês e espanhol.

PAULO: de todos os povos. Direção: Roger Young. São Paulo: Paulinas/ Multimídia, 2002. 1 DVD. Partes 1 e 2 (140 min aprox.), son., color.

ROMERO: uma história verdadeira. Direção: John Dulgan. Cotia-SP, 1989. 1 DVD (105 min) son., color. Dublado: português.

YENTL. Direção: Barbara Streisand. Milano – Itália, 1983. 1 DVD (128 min aprox.), son., color. Línguas: italiano, inglês, francês, alemão e espanhol. Áudio em espanhol. Legendas em português.